ERRATA

Page 173, ligne 1. — Au lieu de « *qu'il* soit forcé, » lisez : « *il soit* forcé. »

Page 240, ligne 1. — Au lieu de « *soit* mêlée de Celtes, » lisez : « *mêlée* de Celtes. »

Page 241, ligne 8. — Au lieu de « à la *Confédération germanique*, » lisez : « à l'*Allemagne*. »

Page 249, ligne 16. — Au lieu de : « *la solution* de l'équilibre européen, » lisez : « *la solution du problème* de l'équilibre européen. »

QUELQUES CONSÉQUENCES

DU

PRINCIPE DES NATIONALITÉS

OU

ESSAI DE CRITIQUE POLITIQUE

Brux. — Typ. A. Lacroix, Verboeckhoven et Cie, r. Royale, 3, impasse du Parc.

QUELQUES CONSÉQUENCES
DU PRINCIPE
DES NATIONALITÉS
OU
ESSAI DE CRITIQUE POLITIQUE

PAR

VICTOR SEM

« Tant qu'on se battra en Europe, cela sera une guerre civile. »
NAPOLÉON Ier.

« La guerre c'est le despotisme. — La paix c'est la liberté. »
ÉMILE DE GIRARDIN.

PARIS
LIBRAIRIE INTERNATIONALE
15, BOULEVARD MONTMARTRE, 15
Au coin de la rue Vivienne
A. LACROIX, VERBOECKHOVEN ET Cie, ÉDITEURS
A BRUXELLES, A LEIPZIG ET A LIVOURNE

1868

QUELQUES CONSÉQUENCES

DU

PRINCIPE DES NATIONALITÉS

OU

ESSAI DE CRITIQUE POLITIQUE

A LA MÊME LIBRAIRIE

OUVRAGES DU MÊME AUTEUR

Publiés précédemment sous le pseudonyme VICTOR SEM.

QUELQUES CONSÉQUENCES DU PRINCIPE DES NATIONALITÉS, ou essai de critique politique. 1 volume in-12. Prix 2 50

LA DÉMOCRATIE REPRÉSENTATIVE. 1 volume in-18.

DE LA REPRÉSENTATION NATIONALE. 1 volume in-18.

Imprimerie L. Toinon et Cie, à Saint-Germain.

QUELQUES CONSÉQUENCES
DU PRINCIPE
DES NATIONALITÉS

OU

ESSAI DE CRITIQUE POLITIQUE

PAR

ARMAND HAYEM

« Tant qu'on se battra en Europe, cela sera une guerre civile. »

NAPOLÉON Ier.

« La guerre c'est le despotisme. — La paix, c'est la liberté. »

ÉMILE DE GIRARDIN.

NOUVELLE ÉDITION

PARIS
FAUBOURG MONTMARTRE, 13

A. LACROIX, VERBOECKHOVEN & Cie, ÉDITEURS
A Bruxelles, a Leipzig et à Livourne

1870

PRÉFACE

Ce qui est nécessaire dans la cause, c'est l'effet.

Ce qui est nécessaire dans le principe, c'est la conséquence.

Il faut admettre cette vérité ou désespérer de l'esprit humain.

Ce qu'il faut rechercher partout, c'est la certitude, non point dans les effets ou dans les conséquences, mais dans les causes et dans les principes.

Il y a longtemps que les hommes ne discutent plus sur la certitude des faits. Ce qu'on touche du doigt ne se nie plus. — Le scepticisme est ailleurs.

Nous ne voulons point entreprendre ici son procès, nous voulons simplement reconnaître et affirmer les droits de l'esprit humain à la découverte du vrai, et nous ne prétendons point le faire au delà du domaine de la politique, ni dans le domaine de la politique, au delà des termes de la question que nous avons traitée en la résumant par ces mots : *Quelques Conséquences du principe des nationalités.*

A cet effet, il suffit de se demander si la politique possède aussi ses lois, ses principes?

— L'histoire répond : Oui.

Et, si l'on interroge les événements du temps présent on remarque que plus la raison humaine s'est affranchie et éclairée, plus son domaine s'est étendu, plus son action sur les choses s'est fait sentir.

Le développement de la raison ne s'est pas fait seul ; le développement de la conscience humaine lui est parallèle.

Il s'est rencontré des philosophes qui disaient : *Nihil est in intellectu quod non ante fuerit in sensu*. Ce qui veut dire : « qu'il n'est rien dans l'intelligence qui n'ait existé primitivement dans les sens. »

Nous hommes politiques, nous économistes, nous dirons : « Il n'est pas une vérité dans l'esprit qui ne se soit trouvée inscrite dans la conscience. »

— L'esprit dégage la vérité de la conscience en révélant celle-ci à elle-même.

C'est la conscience humaine qui a révélé l'idée de la justice, et la raison s'est dévouée à son triomphe.

Je devrais dire : « C'est la conscience des peuples modernes. »

Car, depuis quand la raison universelle a-t-elle entrepris le triomphe de la justice?

— Il n'y a pas encore un siècle.

Mais il en est résulté, dans l'humanité, toute une révolution, laquelle a donné l'élan au monde moderne.

La religion vaincue s'est faite science.

La liberté des cultes est née de l'intolérance.

La science, n'ayant plus à combattre les préjugés tenaces d'une ignorance séculaire, s'est précipitée à la découverte des vérités les plus certaines.

— Le peuple ayant dit tout à coup : « L'État c'est moi, » le gouvernement des hommes arraché à la main d'un seul est tombé dans la main de tous; et la politique guerrière est devenue pacifique.

La liberté étant devenue le mot d'ordre du nouvel état de choses, la société s'est réformée; et l'économie politique a formulé les lois de son admirable organisation.

Ce mouvement, le plus grand de l'histoire, s'est tantôt précipité et tantôt ralenti ; une fois il s'est produit en avant et une autre fois en arrière.

Aujourd'hui il semble arrêté, paralysé par des principes, les uns faux, les autres contradictoires.

En politique, disons-le tout de suite, un de ces principes, à la fois faux et contradictoire, est le principe des nationalités.

Et d'abord, il faut bien l'établir : le principe des nationalités n'est qu'une vue de l'esprit.

C'est peut-être la vue d'un grand esprit. C'est assurément une vue fausse ; et il est juste autant que convenable de le prouver, expérimentalement, par les conséquences qu'a produites le principe des nationalités.

Cette méthode démonstrative est naturellement indiquée par la raison et c'est celle que nous avons suivie.

Nous avons voulu examiner le principe des

nationalités, d'abord dans ses conséquences, ensuite en lui-même, afin qu'on vît clairement par ses conséquences ce qu'il devait être en lui-même, et par lui-même ce qu'il devait être dans ses conséquences.

Nous nous sommes donné raison, de la sorte, deux fois au lieu d'une; et nous sommes certainement fondé lorsque nous affirmons, d'une manière générale, la nécessité des conséquences par rapport à leurs principes.

Oui : les fautes politiques qui ont été les conséquences du principe des nationalités étaient nécessaires, inévitables, ce principe étant admis.

Et quel fut ce principe? — Nous en avons vainement recherché la définition.

L'ayant vu produire les mêmes effets en Allemagne qu'en Italie, nous avons pensé trouver sa définition dans les faits; et nous avons cru pouvoir la résumer dans ce mot : *Annexion*.

En effet partout où ce principe a été pratiqué; annexion : — annexions sur annexions.

Ce fut d'abord l'annexion de Nice et de la Savoie à la France.

Ce fut ensuite l'annexion de presque tous les états italiens au Piémont, et, par contagion, l'annexion d'un grand nombre d'états allemands à la Prusse.

Si l'on se place au point de vue exclusif de cet intérêt national, qu'on limite trop souvent à l'agrandissement de territoire, et si l'on considère que la fureur annexioniste de la maison de Savoie et celle de la maison de Hohenzollern sont loin d'être éteintes; n'est-on pas en droit de dire, tout au moins, que la politique des nationalités est peut-être une politique nationale pour les autres états de l'Europe, tandis qu'elle est, à coup sûr, une politique antinationale pour la France?

Lorsque l'esprit de civilisation s'est suffisamment développé chez une société, certaines vérités lui deviennent immédiatement intelligibles.

Le bon sens est la première méthode philosophique.

L'esprit public n'est jamais autre chose que le bon sens national. Et c'est ce bon sens exquis des nations, gardien des vérités éternelles de la raison, que nous voyons élever avec lui, chez tous les peuples, le niveau des sciences humaines.

Ainsi plus l'esprit public est élevé, plus élevées sont les vérités qu'il peut comprendre, plus grand est le triomphe de la civilisation.

Ce qui distingue ces vérités de sens commun c'est qu'elles saisissent, du même coup, tous les esprits.

On peut dire, à cet égard, que chaque nation, chaque époque de l'histoire a enfanté ses vérités : on pourrait même reconnaître chacune d'elles à ce signe. Le progrès humain est né lui-même du concours des efforts universels.

Ce qui distingue les principes vrais des principes faux, c'est qu'ils s'emparent de l'esprit comme par surprise.

En politique, là même où il faut faire la part de l'événement, ce qui distingue les principes vrais des principes faux, c'est qu'autant il est facile de déduire logiquement les conséquences des premiers, autant il est impossible, à l'esprit même qui les a conçus, de prévoir les effets des seconds.

Le principe des nationalités semblait devoir être une de ces grandes vérités qu'embrasse, avec enthousiasme, le bon sens des nations.

Il a été un de ces principes faux dont leurs auteurs mêmes ne peuvent calculer les conséquences.

En Italie le principe des nationalités voulait une confédération, et c'est l'unité qui s'y est établie.

Il a d'abord souffert l'annexion de tous les petits états, et aujourd'hui il se débat contre l'annexion d'un seul.

Au Mexique, le principe des nationalités voulait le respect des droits du peuple et l'établissement d'un gouvernement national, et chacun sait comment il y a échoué.

En Pologne, le principe des nationalités voulait le respect de la nationalité polonaise, et cette nationalité a été étouffée.

En Danemark, le même principe voulait le respect du droit des duchés de nationalité danoise, et c'est ce droit qui a été violé.

En Allemagne, enfin, le principe des nationalités, tout en reconnaissant le droit de l'Allemagne à l'unité, voulait le respect des petits états par les grands, et c'est un grand état qui, ayant commencé à absorber brusquement les petits, menace aujourd'hui de les confisquer tous.

Il n'y a point de conséquences de cette nature que ce principe faux et contradictoire ne contienne.

Le conséquent invariable, pour emprunter le langage de M. Stuart Mill, suit invariablement l'*antécédent invariable*.

Aurions-nous eu, en effet, la guerre du Mexique, aurions-nous eu les événements d'Allemagne sans la guerre d'Italie ? Et au nom de quel principe s'est faite la guerre d'Italie, si ce n'est au nom du principe des nationalités?

Si les hommes qui se mêlent de gouverner les peuples savaient calculer les conséquences des principes dont ils font la base de leur politique, avec quel soin ils garderaient leur esprit des séductions d'un faux semblant de vérité !

Car, je veux bien croire encore que l'on aurait vite renoncé au principe des nationalités, si on avait prévu les conséquences que je viens d'énumérer. Il fallait les prévoir puisque, le principe admis, je le répète, ces conséquences étaient nécessaires.

Et, ne voit-on pas les troubles profonds que peuvent amener, dans une société, les conséquences d'un principe faux?

Pour prendre un exemple dans l'ordre économique, quels n'auraient pas été, je suppose, les effets du principe de la gratuité du crédit, si ce principe avait été admis?

J'ai parlé tout à l'heure de bon sens.

Lorque l'Église se dressa contre le prêt à intérêt, le bon sens universel lui ferma la bouche; et le jugement de l'Église eut le sort d'une ignorance.

Lorsque, beaucoup plus tard et tout près de nous, certains socialistes tentèrent de ressusciter la doctrine de l'Église en proclamant le principe « de la gratuité du crédit, » le bon sens des peuples résista à cette séduction nouvelle, et les principes d'une science exacte prévalurent.

Aujourd'hui le même bon sens commence de protester contre le principe des nationalités.

Nous n'avons pas examiné toutes les conséquences de ce principe ; notre tâche aurait été trop pénible. Nous n'aurions pu d'ailleurs la remplir complétement.

Car la physiologie de l'intelligence, les lois de la pensée, la logique, se refusent à la déduction des conséquences d'un faux principe.

Ainsi, la loi militaire actuelle qui est apparue à la suite des événements de 1866 est, à nos yeux, une conséquence nouvelle et jusqu'alors imprévue du principe des nationalités.

Si l'on admet, en effet, et on l'a répété souvent, que le principe des nationalités a produit l'Italie, il faut admettre qu'il a produit l'Allemagne et aussi cette loi militaire qui a été votée hier.

Car, n'a-t-on pas soutenu et accrédité suffisamment cette idée qu'il fallait répondre aux victoires de la Prusse par un armement général?

Un député, M. Émile Ollivier, a qualifié par une expression heureuse et juste cette loi nouvelle en disant qu'elle était *une loi de guerre.* Il aurait pu ajouter : « Une loi de guerre née des bouleversements amenés par le principe des nationalités. »

Eh bien, aujourd'hui le bon sens des nations, en revenant de l'engouement qu'il a éprouvé pour ce principe, condamne cette loi cruelle, comme il condamne le principe éternellement faux et injuste du servage militaire.

Mais nous n'avons point à nous occuper de ces conséquences.

Ce serait d'ailleurs dépasser la mesure de la préface en dépassant celle du livre.

Nous en resterons là.

En terminant, nous demandons au lecteur qu'il ne voie dans notre travail qu'une œuvre de *critique politique.* Nous avons fait tous nos efforts pour justifier, à ses yeux, ce second titre.

En effet, nous ne nous sommes pas borné à critiquer, et dans ses conséquences et en lui-même, le principe des nationalités tel qu'il a été compris par ceux qui l'ont appliqué ; nous avons défini, à notre tour, ce principe, et nous avons montré les conséquences qui en ressortiraient s'il était admis tel que nous le concevions.

Ce qui dominera donc, dans ce livre, c'est l'esprit de critique, nullement l'esprit de parti.

Nous sommes trop jeune, d'ailleurs, pour être un homme de parti.

Cependant, si l'on entend par hommes de parti, ceux qui, fidèles à leurs principes, dévoués au triomphe de leurs idées, épargnent au monde le spectacle de ces retours d'opinions qui sont partout le signe de l'affaissement des consciences, nous sommes homme de parti plus que personne et chacun doit nous tenir pour tel.

Mais qu'aurait à voir l'esprit de parti dans ce travail?

Donc : une dernière faveur.

Il est une difficulté que rencontrent tous ceux qui écrivent sur l'histoire de nos jours : non seulement ils ont ce désavantage d'être trop près des faits, lesquels demandent qu'on soit éloigné d'eux pour les bien juger; mais ils craignent d'être surpris par l'événement.

Si le lecteur nous en tient compte, rien ne nous retient plus, et nous affronterons résolûment son jugement.

Janvier 1868.

QUELQUES CONSÉQUENCES

DU

PRINCIPE DES NATIONALITÉS

OU

ESSAI DE CRITIQUE POLITIQUE

CHAPITRE PREMIER

INTRODUCTION

Nous nous proposons d'examiner quelques conséquences du principe moderne des nationalités; d'abord dans les faits, ensuite dans la théorie. Cette marche est indiquée par la méthode historique, qui peut se résumer en ces termes : connaissance des faits, observation et critique de leurs conséquences.

La géographie politique est le dessin du mouvement des peuples sur la terre. L'histoire doit fournir la loi de ce mouvement.

L'histoire est une longue suite de déductions, dont la fatalité remonte, sans doute, à Dieu, mais dont l'enchaînement et l'ordre ont été abandonnés, par sa volonté même, à la sagesse des hommes.

L'expérience est l'enseignement et la loi de ceux qui gouvernent. Aussi, l'histoire moderne ne ressemble-t-elle pas plus à l'histoire ancienne, que l'adulte ne ressemble à l'enfant, et telle que ces hommes qui étonnent le monde par leur génie, il semble qu'elle ne veuille plus se reconnaître dans son passé, fière des conquêtes nouvelles qui lui assurent le premier rang dans l'ordre des sciences, et le plus glorieux triomphe dans l'amour des peuples.

L'histoire, enseignement de l'avenir, s'humanise. Ainsi, le principe des nationalités est le produit d'un droit nouveau qui parera certainement notre histoire contemporaine d'une éthique et d'une esthétique jusqu'ici inconnues. L'effet qu'elle produira par là sur nos descendants peut être immense, si sa pourpre moderne ne cache ni la misère, ni la vanité.

Malheureusement, nous verrons que le principe des nationalités a été mal compris ou plutôt mal pratiqué; car nous n'avons pu trouver sa définition ailleurs que dans les faits. Nous montrerons de quelle manière il aurait dû être entendu. Sans chercher à échapper aux conséquences des principes que nous aurons établis, nous dirons tout ce que contient le principe des nationalites et, de déductions en déductions, nous arriverons à déterminer la formule du gouvernement libre.

A cette fin, nous avons choisi les derniers événements du règne, et sans esprit de parti, au point de vue exclusif des principes, nous avons tenté une critique de l'unité italienne, une critique de la campagne de 1866 et de tous les faits qui s'y rapportent, enfin une critique de la question du Luxembourg qui nous a fourni l'occasion de certaines théories, dans lesquelles nous voulons que le lecteur voie le fond même de nos idées en politique.

Comme les événements dont nous avons parlé se rapportent tous à la guerre, qui seule s'oppose désormais à la liberté où les peuples devraient voir leur véritable indépendance nationale, et plus que dans la force, la garantie de leur volonté souveraine; nous nous sommes demandé si le droit de la guerre ne s'appuyait pas uniquement sur le droit de la force, et en essayant de démontrer que, pour la guerre, il n'y a pas d'autre droit que la force, nous avons affirmé, au nom de la justice et au nom de la paix, que ce prétendu droit de la guerre revenait au peuple, dans lequel réside, avec la force, la souveraineté.

La solution du problème de la paix se trouvant pour nous dans la forme du gouvernement, nous avons été conduit à rechercher celle qui, étant l'expression la plus radicale du gouvernement impersonnel, pouvait assurer à la fois le gouvernement de chacun par chacun et de chacun par tous, celle qui voulait dire : respect et garantie des droits de l'individu, respect et garantie des intérêts de la commune, prospérité et grandeur nationale... etc., et nous avons proclamé la fédération.

Dans cet ordre d'idées, nous avons conçu tout naturellement la possibilité d'une confédération des états de l'Europe, laquelle nous a paru devoir résoudre enfin, par la paix, le problème, si sensé et si mal compris, de l'équilibre européen.

En résumé, nous nous sommes efforcé d'exposer clairement sur l'unité, sur la nationalité, sur les principes des frontières naturelles, et sur d'autres questions d'un ordre moins général, des idées que nous croyons justes et que nous espérons voir partager.

Nous demeurons convaincu que les fautes politiques, même les plus légères, sont les effets du faux entendement des principes. Nous aurons donc rempli notre but, si l'on reconnaît que nous avons jeté, sur les principes du droit politique moderne, un jour nouveau, dont nous voudrions voir bientôt profiter la paix, la liberté et le bonheur des peuples.

CHAPITRE II

L'ITALIE. — PREMIÈRE CONSÉQUENCE DU PRINCIPE DES NATIONALITÉS. — QUELQUES MOTS SUR LA FÉDÉRATION.

Pour apprécier les faits qui se sont produits depuis seize ans, il faut les rappeler en les représentant avec impartialité.

Il ne me sera pas mal aisé de montrer que, depuis l'époque dont je parle, l'influence de la France s'est amoindrie, et j'entends prouver jusqu'à l'évidence que les grandes puissances de l'Europe, par leur évolution politique, ont concouru à cet amoindrissement. Je veux examiner en même temps si le principe des nationalités a sa part de responsabilité dans ce résultat, et quelle est cette part.

Ne prenons que les faits qui doivent servir à cette démonstration.

Laissons de côté, par exemple, la guerre de Crimée, expédition dans laquelle je pourrai croire que nous avons été le jouet en même temps que l'instrument de la politique anglaise.

Dans tous les cas, épuisement d'hommes, épuisement d'argent : amoindrissement.

J'oublie de dire que, sans avancer d'un seul pas ce que l'on est convenu d'appeler la question d'Orient, nous avons donné ouverture, par cette expédition, à une série indéterminée de complications d'où elle renaîtra indéfiniment.

Avant 1859, l'Autriche, il est vrai, faisait parfois cruellement sentir le poids de son influence en Italie. Elle était maîtresse souveraine en Lombardie et en Vénétie, et de là sa main semblait s'étendre sur la plus grande partie de la péninsule.

Quelques politiques français voyaient là une

situation inquiétante pour l'indépendance de certains États italiens, et menaçante pour la paix de l'Europe.

A ces anxiétés s'ajoutaient des espérances d'unité nationale; on parlait d'un royaume d'Italie libre et fort.

Bientôt la cause de l'indépendance italienne, prêchée par une presse ignorante, devint populaire en France; et la guerre engagée contre l'Autriche par la France, et soutenue par l'Italie, prit les proportions grandioses de ces guerres sanglantes dans lesquelles un peuple tout entier se précipite pour assurer son affranchissement.

La marche des événements est connue; chacun sait ce que coûtèrent à la France, en hommes et en argent, les victoires longtemps incertaines de Magenta et de Solferino.

Chacun sait aussi comment l'intervention de la Prusse, menaçant d'amener un véritable conflit européen, arrêta l'empereur des Français à Villafranca, comment du traité de Villafranca on fut conduit à la paix de Zurich; et comment enfin, à la suite de ces faits, la pensée impériale ayant été de fonder une confédération en Italie, ce fut l'unité que le peuple vainqueur essaya d'y établir.

A cet effet, voici que, pleine de reconnaissance envers nous, appuyée sur nos ressources, l'Italie tente son œuvre.

Du nord au midi de la péninsule, la nation se montre frémissante, enflammée par l'idée d'unité; idée rêvée par un patriote du nom de Mazzini, servie par un chef de parti plein de bravoure, dont le nom a conservé plus de popularité que les exploits; idée presque spontanément éveillée et dans laquelle on voit déjà la source de tout un bouleversement en Europe. Les rois et les princes s'enfuient ou sont chassés de leurs États, les constitutions sont déchirées, tous les pactes rompus, tous les serments parjurés, le désordre et l'anarchie succèdent un moment à un gouvernement paisible, la liberté méconnue s'oublie dans la licence, l'enivrement du succès, les espérances qu'il fait naître, l'orgueil d'un peuple qui se rêve puissant, donnent à ce pays une apparence de grandeur que la nécessité des sacrifices va bientôt contredire.

L'Italie se jette dans les bras de son représentant Victor-Emmanuel, elle le nomme roi ; elle le charge, dès le principe, de la tirer de ses embarras.

On sait que, dans cette confusion et au milieu de ce renversement de tous les trônes, on avait été obligé d'en respecter un représentant d'un pouvoir séculaire, et dont le gouvernement spirituel, plus fort que les rois, plus fort que la révolution même, s'étendait dans la plus grande partie de l'Europe.

Là on fut obligé à beaucoup de ménagements : — On dut s'arrêter. —

Mais, en quoi, je le demande, le pouvoir temporel du gouvernement du pape, était-il plus légitime et plus respectable que celui du roi de Naples ou de la duchesse de Parme?

Nos troupes étaient restées à Rome.

Après avoir poursuivi avec activité son œuvre de démembrement, le gouvernement italien reconnu, à notre exemple, par toutes les puissances de l'Europe, et ayant sans doute arrêté sa ligne de conduite politique, commença de manifester son désir de voir nos soldats évacuer Rome.

On fit ce que l'Italie voulait, on signa la convention du 15 septembre.

Personne n'ignore que, par cette convention, l'Italie s'engageait et à respecter les États du saint-siége, et aussi à protéger ces États, le cas échéant. Personne n'ignore ni les termes mêmes de cet acte, ni les discours des hommes d'État qui se sont succédé à la direction des affaires politiques de ce pays, ni les désirs secrets de MM. Ricasoli et Rattazy, ni enfin les différentes tentatives qui ont eu lieu aux portes mêmes de Rome. — (Voir la note au bas de la page 94).

Voilà pour ce qui est des faits. Mais en elle-même, que vaut l'unité italienne?

En vertu de quels principes avons-nous concouru à l'établir? Quel était l'intérêt de la France dans cette question?

Examinons :

Par sa géographie, par son ethnographie, par sa tradition historique, par son esprit national, par ses mœurs, l'Italie se refuse complétement à l'unité!

Je ne reproduirai pas là-dessus une discussion déjà rebattue. Proudhon s'est montré victorieux sur ce point dans sa brochure *de l'Unité italienne*.

Mais la question de savoir si la forme de l'unité monarchique était la forme applicable à la constitution de l'Italie, pourrait se résoudre dans la question plus élevée, qui consiste à demander si l'unité est la forme politique en rapport avec le bonheur des peuples, ou si cette forme est la fédération.

Sur cette matière, les politiques se partagent en deux écoles : les partisans des grandes agglomérations d'hommes, et les partisans des petites sociétés d'hommes, autrement dit, les monarchistes et les fédéralistes.

Nous savons ce qu'est la monarchie et ce que veulent les monarchistes... Mais que veulent les fédéralistes, et qu'est-ce que la fédération? Arrêtons-nous un instant à cette idée.

La fédération est un pacte social ayant le caractère d'un contrat synallagmatique et commutatif, par lequel les contractants se réservent une part de liberté et d'action toujours plus grande que celle qu'ils abandonnent... La confédération est un groupe d'États souverains et indépendants ligués par un pacte de garantie mutuelle.

Ces définitions sont empruntées de Proudhon, qui, dans un livre remarquable : *du Principe fédératif et de la nécessité de reconstituer le parti de la révolution*, a nettement posé les principes et hardiment déduit les conséquences. Je suis heureux de pouvoir le citer : puissent un jour ses idées se populariser.

« Le système fédératif, dit-il, est applicable « à toutes les nations et à toutes les époques, « puisque l'humanité est progressive dans toutes « ses générations et dans toutes ses races, et que « la politique de fédération, qui est par excellence « la politique du progrès, consiste à traiter « chaque population, à tel moment que l'on « indiquera, suivant un régime d'autorité et de « centralisation décroissantes correspondant à « l'état des esprits et des mœurs. »

Ainsi, aucun peuple ne peut arguer de son histoire, de ses mœurs, de l'état de sa civilisation contre sa conversion au système fédératif. S'il le pouvait, s'il était vrai que ce système de paix et de justice ne pût devenir le partage que de quelques états privilégiés, il y aurait des peuples ou frappés de déchéance, ou condamnés à une barbarie incurable.

Je sais que les politiques auront de la peine à concevoir une confédération russe ou turque. Peu m'importe : la fédération étant l'expression du progrès et tous les peuples marchant au progrès, tous les peuples un jour seront organisés suivant ce principe, ceux-ci demain, ceux-là dans cent ans.

Aussi ne nous inquiétons-nous que médiocrement et de l'unité italienne et de l'unité allemande, et même de l'unité française et d'autres encore. L'unité est une forme transitoire qui tient sa place entre les formes primitives d'organisation des peuples et la fédération.

L'assemblement est le premier fait de l'association : c'est pourquoi, disons-le en passant, le droit de réunion est la condition essentielle de la liberté d'association. Les nations se réunissent, elles se divisent, puis enfin se groupent : c'est là la symbolique du mouvement historique des peuples : assemblement ou organisations primitives, divisions unitaires, fédération.

La fédération étant la forme de gouvernement la plus parfaite, elle est le but suprême de l'évolution politique des peuples.

D'où il suit que ceux qui jouissent déjà de ce système sont, politiquement, en avant de nous. — Quoi qu'on en ait, on peut être le plus grand peuple du monde sans être le plus avancé.

Une des principales objections faite au principe fédératif par les monarchistes unitaires, centralisateurs, idéalistes... est que sans l'unité, le progrès humain eût été ou incalculablement ralenti ou même impossible.

Si l'on ne voulait dire que cela, je ne discuterais peut-être pas, car il est certain que le progrès ne peut se produire qu'à certaines conditions, et que, de même que l'esprit humain n'est arrivé, qu'après un long et pénible enfantement, au milieu des plus savantes contradictions et à travers les plus cruelles et les plus aveugles persécutions, à abstraire, déterminer et faire triompher, dans une certaine mesure, les idées de justice, de vérité, de droit, de liberté, etc., de même, ce n'est qu'après avoir passé par les formes intermédiaires que les peuples atteignent à la forme supérieure qui s'appelle la fédération.

Si l'unité a été un progrès, la fédération est

un progrès bien plus grand encore; pour ne pas dire qu'elle est le terme du progrès.

L'imperfection est la condition même de la perfection, elle est sa raison d'existence; sans elle, la perfection ne saurait se concevoir.

Je le veux donc bien, les peuples ont passé par différentes formes politiques, et notamment par l'unité, avant d'atteindre à la fédération; et à cet égard, l'unité a réalisé, pour sa part et dans son temps, le progrès.

Mais on me donne à entendre que, sans l'unité, on n'aurait eu ni grandes guerres ni grands guerriers, ni despotisme, ni grands rois, ni embarrassantes affaires ni grands ministres; et par contre, ni grands orateurs, ni sciences, ni savants, ni poèmes, romans, comédies, ni poètes, littérateurs, artistes; ni gros budgets, ni impôts écrasants, ni aucun des fétiches qu'adore l'humanité encore aveuglée : qu'il n'y a que les grands états pour produire les grandes choses, et qu'en résumé, les nations qui comptent le plus grand nombre d'hommes sont les premières dans la politique, dans la science et dans l'art.

A ce compte, la Russie tiendrait le premier rang en Europe ; et cependant, nous ne voyons, de la distance où nous sommes, ni ses grands hommes d'état, ni ses savants, ni ses poètes, ni ses artistes.

Mais qui peut prétendre que si la France compte dix hommes de génie sur trente-huit millions de sujets, la Hollande doit en compter autant ou la moitié seulement, pour une population incomparablement moindre?

Est-ce que Spinoza était citoyen d'un grand état? Est-ce que Galilée, Leibnitz, Kant, étaient citoyens de grands états? Est-ce que le nom d'Œrsted, un danois, ne vaut pas celui d'Ampère, un français? Ma mémoire ne suffirait pas aux citations et aux comparaisons.

Faites aujourd'hui le compte des hommes de génie, mesurez le degré d'avancement de toutes les sciences dans tous les états de l'Europe et comparez; vous me direz à qui revient l'avantage.

Si la Suisse, qui a donné le jour à Rousseau, n'a eu ni grands capitaines tels que Bonaparte, ni grands poètes tels que Victor Hugo, ni grands philosophes.... (je n'ai aucun nom à citer) : la Suisse a possédé et possède encore de grands citoyens dont le désintéressement modeste est au dessus de toutes les gloires scandaleuses de nos monarchies démoralisées. La liberté, la paix, l'honnêteté y règnent partout, la loi y gouverne; c'est le plus bel endroit de l'Europe où un philosophe puisse méditer et écrire. — Est-ce que tout cela, ne vaut pas l'annexion de Nice et de la Savoie?

J'ai dit d'autre part que la fédération était la garantie de la paix; et j'ai affirmé que l'Europe ne serait définitivement pacifiée que le jour où elle ne compterait plus que des fédérations; voici ce que pense à ce propos l'auteur déjà cité :

« Très capable de se défendre si elle est atta-

« quée, les Suisses l'ont plus d'une fois fait voir, « une confédération demeure sans force pour « la conquête... Supposons que l'un des états « confédérés forme des projets de conquête « particulière, qu'il désire s'annexer une ville « voisine, une province contiguë à son territoire; « qu'il veuille s'immiscer dans les affaires d'un « autre état. Non seulement il ne pourra pas « compter sur l'appui de la confédération, qui « répondra que le pacte a été formé exclusive- « ment dans un but de défense mutuelle, non « d'agrandissement particulier; il se verra même « empêché dans son entreprise par la solidarité « fédérale, qui ne veut pas que tous s'exposent « à la guerre pour l'ambition d'un seul; en « sorte qu'une confédération est tout à la fois « une garantie pour ses propres membres, et « pour ses voisins non confédérés. »

« Ainsi, dit, à son tour, Montesquieu : il y a « grande apparence que les hommes auraient « été à la fin obligés de vivre toujours sous le « gouvernement d'un seul, s'il n'avaient ima-

« giné une manière de constitution, qui a tous « les avantages intérieurs du gouvernement « républicain et la force extérieure du monarchi- « que : je parle de la république fédérative.

« S'il arrive quelque sédition chez un des « membres confédérés, les autres peuvent l'apai- « ser; si quelques abus s'introduisent quelque « part, ils sont corrigés par les parties saines. « Cet état peut périr d'un côté sans périr de « l'autre; la confédération peut être dissoute, et « les confédérés restent souverains.

« Composé de républiques, il jouit de la bonté « du gouvernement intérieur de chacune, et à « l'égard du dehors, il a, par la force de l'asso- « ciation, tous les avantages des grandes monar- « chies. »

Et ailleurs : « L'esprit de la monarchie est la « guerre et l'agrandissement; l'esprit de la ré- « publique est la paix et la modération. »

Ainsi vouloir la fédération, c'est vouloir le bonheur des peuples, la paix et tout à l'heure la liberté.

La fédération est la seule forme de gouvernement qui corresponde à la liberté.

Avec la fédération, la liberté est de droit; sans la fédération la liberté est un être de fantaisie. Le prince souverain la donne et la retire suivant le caprice des situations et suivant l'usage qu'en fait le peuple. Or, comme la liberté ne peut se concevoir que comme un droit, si elle est un fait dépendant de la volonté du prince, on peut dire qu'elle n'a aucune réalité, et il faut considérer l'état comme livré tout entier au caprice d'un seul homme.

Car, ce qui est le propre du gouvernement démocratique, c'est que la liberté est dans le peuple; alors le peuple est, pour ainsi dire, esclave de la liberté, esclave de la loi comme l'est le prince lui-même; dans le gouvernement monarchique, au contraire, la liberté est dans le prince : or la liberté dans le prince c'est l'arbitraire, et c'est alors que le peuple est l'esclave du prince qui est au dessus de toutes les lois.

La fédération c'est l'organisation, si l'on peut

dire, et la garantie même de la liberté. Avec tout autre régime, la liberté n'est que mensonge et jonglerie. C'est pourquoi il ne faut pas dire, comme le pensent certains esprits haut prisés, que la forme du gouvernement est indifférente; c'est là une grave erreur dans laquelle beaucoup de politiques, qui se croyaient très avisés, ont donné de la tête comme dans un gouffre où ils se sont abîmés à tout jamais.

La fédération comporte la liberté, tout comme la monarchie comporte l'autorité et l'arbitraire. Chaque forme de gouvernement a son principe. Je ne parle pas ici de monarchies telles que l'Angleterre. L'Angleterre n'est pas une monarchie, c'est une république d'un modèle particulier aux mœurs et au caractère du peuple; je parle seulement de ces monarchies qui, soit qu'elles cherchent à se donner pour base je ne sais quelle agitation démocratique. qu'elles décorent ensuite du nom de volonté nationale, soit qu'elles essaient de s'assurer le suffrage universel avec lequel elles ont reconnu la nécessité de compter, détiennent la liberté jusqu'à ce que le peuple ait triomphé de leur résistance par la révolution.

Or ici la fédération soutenue par un empereur, c'était un coup de fortune pour la démocratie. Avec la fédération italienne, le centre du mouvement révolutionnaire n'était plus à Paris, comme l'écrivait avec insolence en 1863 le prince Gortchakoff, il était partout en Italie : à Turin, à Naples, à Florence, à Rome même. Mazzini et ses sectaires ont manqué à la révolution, ils ont perdu leur pays au moment où ils pouvaient donner à l'Europe l'exemple entraînant des fédérations.

L'Italie pouvait reprendre alors le rôle de civilisation qu'elle avait abandonné depuis le seizième siècle. Aujourd'hui, elle est perdue, et perdue par ceux-là mêmes qui prétendaient la sauver.

Ce que ces patriotes n'avaient pas compris, Napoléon III, savant observateur de la nature, de la position et du développement des souverainetés italiennes, l'avait parfaitement entendu, et ce qu'il voulait pour l'Italie, c'était une étroite confédération.

Il la voulait pour le bien de l'Italie, et peut-être aussi pour la grandeur et le repos de la France. Mais, quoi qu'il en soit, il est avéré aujourd'hui que, si l'unité a essayé de s'établir, c'est peut-être malgré l'empereur, c'est sûrement contre la France.

Cette unité italienne, si contraire à la nature des choses de l'Italie, si pénible à fonder, si dangereuse à provoquer, elle a été faite contre nous, et la preuve, c'est l'annexion de Nice et et de la Savoie qui en a payé le prix, c'est la pensée napoléonienne qui était celle d'une confédération, c'est l'empressement de toutes les puissances à reconnaître le royaume d'Italie.

Peut-on dire que nous soyons parvenus à constituer l'Italie naissant à une vie libre, au sortir de nos mains, suivant les vues de notre politique et conformément au véritable intérêt français? — Non...

Est-il vrai que l'Italie, encouragée par toutes les grandes puissances, soit parvenue à s'unifier malgré nous? — Oui.

Eh bien! où est donc, pour la France, le succès de sa politique? Où en est le résultat?

L'empereur Napoléon III avait déclaré la guerre... Pourquoi? Je ne le discute pas, la constitution lui donne ce droit.

L'ayant faite et ayant vaincu, il avait raison de vouloir organiser l'Italie sur le pied d'une grande confédération. C'était là le jeu de notre politique bien entendue, ces vues étaient conformes à l'intérêt français.

Je dis, de plus, que l'empereur prouvait une haute sagesse en se montrant partisan de cette théorie, qui, ne se préoccupant que du bien-être des peuples, voudrait voir l'Europe partagée entre nations renfermées dans de petits états indépendants, n'ayant qu'un seul lien commun entre eux.

Ainsi, au point de vue du bien-être des peuples et au point de vue exclusif de l'intérêt de l'Italie, la forme qui devait lui être appliquée, c'était la confédération.

Pourquoi maintenant la politique impériale y a-t-elle échoué? C'est ce que je demanderai à ceux que le préjugé ou l'ignorance aveuglent sur le résultat de nos prétendues victoires?

Mais, si je ne puis me déterminer à examiner les motifs qui ont engagé Napoléon III à porter la guerre en Italie, j'ai le droit de me demander quel est le principe qu'il a mis en avant.

On sait que, depuis l'empire, la politique extérieure de la France roule tout entière et exclusivement sur deux grands principes dont on pourrait dire, avec Pascal, que le centre est partout, la circonférence nulle part.

C'est d'abord le principe des nationalités; c'est ensuite le principe de non-intervention.

Le principe des nationalités, c'est le respect des nationalités, le respect de leur indépendance, le respect du vœu des populations.

Voici une idée critique de son application :

L'Alsace, qui représente une nationalité, émet le vœu libre, par le suffrage universel, soit de former un état distinct de la France, soit de s'adjoindre à la Prusse.

L'Alsace agit en vertu du principe des nationalités. — C'est son droit. — Et, c'est même le devoir des religionnaires de ce principe, de concourir à l'exaucement du vœu de l'Alsace.

Le principe de non-intervention, cela peut être le respect de la liberté chez le voisin; cela peut être aussi l'immobilisme divin adopté par les gouvernements, soit l'indifférence pour tout ce qui n'est pas d'intérêt privé. C'est un principe, qui plus encore que le premier, est sujet à une foule d'interprétations.

On le comprendrait s'il était la règle d'un peuple voulant développer pacifiquement ses libertés intérieures et décidé à n'intervenir au dehors qu'au cas où son honneur ou son intérêt le commanderait.

Mais proclamer trop haut le principe de non-intervention, cela pourrait être décliner toute influence dans le monde. Sans doute, il faut respecter la libre action de ses voisins, mais, nous sommes si près les uns des autres, que si cette action gêne la mienne, il faut que je défende mon droit violé, il faut que j'intervienne.

Qu'est-ce que ce principe pourrait ne pas être? Son application doit fournir sa définition.

Quelle que soit la manière dont on l'entende, force m'est de le considérer comme l'idée contradictoire du principe des nationalités.

Selon ce dernier principe, il faudrait remanier l'Europe suivant le libre vœu des populations, soutenir la lutte qu'occasionnerait cette refonte impossible de nationalités diverses, intervenir partout par la parole et par l'action.

Suivant le principe de non-intervention on devrait respecter toutes les puissances, laisser s'accomplir tous les désordres intérieurs.

D'un côté, un principe qui mène au bouleversement du monde, de l'autre un second principe, qui veut le maintien de tous les *statu quo* possibles.

Quels peuvent être les actes d'un gouvernement qui fait rouler toute sa politique sur deux principes contradictoires?

Il s'agit précisément d'examiner comment le gouvernement impérial a interprété ces principes, et quelle application il en a fait.

Ne prenons que les dates les plus importantes.

En 1855, le principe de non-intervention est violé en Crimée.

En 1859, le principe de non-intervention et le principe des nationalités sont violés à la fois en Italie.

En 1863, le principe de non-intervention est violé en Pologne. La diplomatie russe, appuyée sur la force, se montre insolente et provocatrice; la France s'incline.

En 1864, le principe de non-intervention et le principe des nationalités sont violés au Mexique, nous verrons plus tard de quelle façon.

En 1859, la France intervient dans les affaires de la péninsule; elle refoule l'Autriche, affranchit l'Italie, et si elle n'y établit pas l'unité, elle la rend possible.

Je dis qu'en rendant l'unité possible en Italie, on a violé le principe des nationalités, et je n'en veux pour preuve que la pensée impériale elle-même.

En effet, elle voulait faire triompher ce principe en Italie, et pour cela elle voulait y établir une confédération, ce qui était précisément la consécration ou plutôt le respect des différentes nationalités, ou mieux, des états destinés à former la confédération italienne (1).

(1) Je dis, ou mieux, des états destinés à former la confédération italienne, car on verra plus loin, comment nous aurions compris le principe des nationalités.

Ici, il m'a semblé, que le mot nationalité et le mot état pouvaient être confondus, car chaque état de la péninsule, avant la constitution de l'Italie et le réveil d'un sentiment national que je crois réel parce qu'il s'appuie sur une langue uniforme, formait, pour ainsi dire, une nationalité distincte, ou si on le veut, la nuance d'une nationalité commune.

Nous emploierons donc indistinctement le mot de nationalité

Ne peut-on pas dire qu'à cette occasion la politique piémontaise a fait échec à la politique française?

Je parle de la politique piémontaise, et j'affirme qu'au contraire de l'empereur des Français qui voulait la fédération, la maison de Savoie voulait l'unité et que ces vues étaient parfaitement conformes, respectivement, à l'intérêt de chacun des deux pays, ce qui ne veut pas dire cependant au bonheur de l'Italie; car, nous l'avons démontré, ce qui convenait au bonheur de l'Italie et en même temps à l'intérêt de la France, c'était la confédération; et c'est précisément pourquoi notre politique devait, si elle ne pouvait davantage, s'opposer à l'unité et faire triompher son idée.

Mais, au lieu de cela, cette politique malheureuse se trouve précipitée, par son principe même, dans une nouvelle contradiction. L'unité

et d'état, puisque nous ne sommes pas censés voir pour le moment, dans le principe des nationalités, autre chose que ce que son auteur y a compris lui-même.

s'accomplit, ici par propagande révolutionnaire, là par coups d'élections, ailleurs par acclamations du peuple, si bien qu'après avoir vu se fondre ensemble les différentes nationalités ou états italiens et disparaître les trônes, la politique des nationalités se voit forcée de respecter le vœu des populations, second article de son *credo*, c'est à dire qu'elle ne trouve plus rien à opposer à l'unité qu'elle sent faite contre elle-même.

Mais, s'il est vrai que l'unité italienne, qui a suivi de près l'intervention française, soit une première conséquence du principe des nationalités au nom duquel la guerre a été portée en Italie, ce serait ici, ce me semble, le lieu de se demander, au moment où la question de la guerre et de la paix se pose partout en principe devant la conscience des rois, s'il y a un droit de la guerre, et par qui il doit être exercé. Nous verrons alors plus clairement quelle application en a été faite dans le cas qui nous occupe (1).

(1) Comme, tout en les exposant, nous critiquons les faits,

soit en les envisageant au point de vue des principes qui les ont inspirés, soit en examinant leurs conséquences hypothétiquement suivant les principes politiques du même ordre que nous croyons devoir faire prévaloir, il est indispensable qu'après avoir considéré la question italienne au point de vue du principe des nationalités tel qu'il a été entendu jusqu'à présent, nous l'examinions au point de vue du droit de la guerre ; tout comme nous analyserons plus tard cette question, aussi bien que celles qui suivent, au point de vue du principe des nationalités tel que nous l'entendons.

Il n'est pas moins nécessaire aussi que le lecteur saisisse bien le lien qui rattache la solution de la question dans laquelle nous nous engageons au système général que nous proposons plus loin ; et c'est ce qu'il remarquera certainement dans les derniers chapitres.

CHAPITRE III

DU DROIT DE LA GUERRE, ET PAR QUI IL DOIT ÊTRE EXERCÉ.

La guerre, c'est le droit pour la force de combattre pour le triomphe de la justice.

La force, c'est la cause de tout mouvement, par conséquent de toute action ; c'est le principe même de la vie.

Elle est au fond de tout ce qui existe manifestement.

Le travail lui-même n'est qu'un perpétuel triomphe de la force sur l'inertie.

Il y a un droit de la force tout comme il y a un droit de l'intelligence, un droit de l'amour, etc., seulement le droit de la force est au fond de tous.

Ce qui le rend sensible et le fait partout apparaître, c'est la victoire.

En tous lieux et en tous temps, partout et toujours, c'est le droit de la force qui triomphe : dans la science, dans l'art, dans la politique.

En Crimée, la France l'emporte : triomphe du droit de la force...

En Pologne, la Russie opprime le pays, tue et massacre, détruit la langue et se livre aux plus déplorables excès : triomphe du droit de la force...

En Italie, les nationalités ou les états sont mêlés, les trônes emportés, l'Autriche vaincue : triomphe du droit de la force.

En Allemagne, mêmes violations de la justice : même triomphe aussi.

La force n'implique pas nécessairement la violence. La persuasion peut être aussi bien un triomphe de la force que la violence elle-même.

Lorsqu'un missionnaire, égaré dans les forêts du Far-West, tombe tout à coup au milieu d'une troupe d'Indiens, s'il sait persuader ces guerriers, ce n'est pas de leur côté que sera la force ; c'est de son côté.

La force est à la fois ce qu'il y a de plus misérable et de plus grand.

Pour prendre un autre exemple: la concurrence, dont le principe, tout moderne et de jour en jour plus étendu, s'applique dans toutes les classes de la société et à tous les degrés; la concurrence, qui met en lutte non seulement ceux qui exercent une même industrie, mais les industries elles-mêmes, la concurrence, qui doit avoir pour but le perfectionnement de ces industries, n'est pas autre chose que le moyen et la garantie du triomphe de la force.

Plus les principes sont élevés et plus leurs conséquences sont étendues, plus leurs contradictions sont apparentes. Cela est vrai surtout de la force; car, je le répète, elle cause autant de grandeurs que de misères.

Les plus belles conquêtes de l'homme, ses biens les plus précieux, il les tient de la force.

La liberté, par exemple, ne se demande point aux gouvernements, car elle se trouve seulement dans la souveraineté qui est elle-même dans le peuple; elle ne se demande point, comme font certains députés, elle se conquiert, un peuple la paie souvent de beaucoup de sacrifices; lorsqu'il l'a obtenue, on peut dire que le droit de la force a triomphé.

Il existe un droit de la guerre. Il est fondé sur le droit de la force.

Sans doute, ce droit peut s'exercer au mépris de la justice de telle ou telle cause particulière ; mais il ne demeure pas moins le premier, et le meilleur instrument de la justice qui ne saurait rien être sans lui.

Quand on parle du droit de la guerre et qu'on l'établit sur le droit de la force, la force c'est aussi bien le nombre que la ruse, c'est la supériorité quelle qu'elle soit et de quelque manière qu'elle se manifeste.

La force n'est point dans le combattant, elle est dans le vainqueur; c'est lui qui la crée, pour ainsi dire, et elle devient son droit.

La force est justicière. Les peuples anciens ne connaissaient guère d'autre juridiction que celle de la force.

« Qui ment, disait le juge, de l'accusé ou du témoin? Qu'on les fasse battre, le plus fort aura raison. »

La force est l'expression la plus élevée du sentiment de la justice chez les peuples primitifs.

La guerre est un appel à la justice, c'est un jugement.

Quand on en appelle à la justice par la guerre, le droit reste toujours du côté du plus fort; c'est à dire du vainqueur.

Ou la guerre est un jugement, ou elle est absurde. Si elle est un jugement, il est de toute raison et de toute nécessité que celui à qui elle donne le triomphe, soit celui qui a le droit :

Or, ici le droit qui triomphe; c'est le droit de la force.

Il ne faut pas dire : il y a des guerres justes et des guerres injustes.

Non, il n'y a pas de guerres injustes. La guerre ne peut être injuste, ni d'une part ni de l'autre, car, des deux côtés le droit se puise dans la force.

Il y a des causes justes : voilà tout.

Si la France attaque la Russie et lui fait la guerre, elle peut s'inspirer d'une cause juste ou injuste, mais son droit, son droit de faire la guerre, elle le puise dans sa force ; et la Russie, en se défendant, tire aussi son droit de sa force.

Ou il ne faut pas parler de droit de la guerre, ou il faut laisser le droit de la guerre dans la force.

Dans la guerre, la force est à la fois l'instrument et la manifestation de la justice : on ne doit pas l'oublier.

Où la société puise-t-elle donc son droit de rendre la justice? Dans sa force, dans sa supériorité, dans sa puissance de collectivité.

Pour les individus il y a un arbitrage; il y a les tribunaux de justice : là, chacun des adversaires puise son droit dans sa cause qui lui paraît être la cause juste. Entre les peuples il n'y a point d'arbitre. Deux peuples marchant au combat, ce sont, pour ainsi dire, deux guerriers représentants inégaux de la même justice, qui se précipitent à main armée pour se mesurer l'un l'autre; le plus grand devant l'emporter sur le plus petit.

« Les nations, dit Kant, ont le droit de faire « la guerre, comme un moyen licite de poursui« vre leur droit par la force, quand elles peu« vent avoir été lésées, et puisque cette reven« dication ne peut avoir lieu par un procès. »

Celui qui accepte la juridiction doit accepter le jugement. Il ne s'agit point de dire : j'accepte votre jugement à la condition qu'il me donnera raison, ou bien j'accepte de me battre à la condition de l'emporter.

Du moment que deux nations déclarent ceci : « La guerre va décider entre nous, » le jugement rendu par la guerre doit être considéré, par eux, comme juste. Que la nation vaincue soit celle qui combattait pour la cause juste, peu importe. En recourant à la revendication de la justice par la force, elle s'est condamnée à être jugée par la force; et il n'y a de juste que ce que celle-ci a décidé.

Ou déclarez la guerre absurde, inhumaine, injuste dans son principe, inabordable dans ses formes, infirme dans ses jugements; ou reconnaissez le droit de la force et sa justice.

J'espère que l'on m'aura compris. — J'y insiste; —la théorie du droit de la guerre repose sur la théorie du droit de la force.

Ici, la force fait le droit.

C'est ce qui a fait dire à Kant : « La guerre « est toujours injuste en soi, en ce sens que la « force décide du droit, ou, pour parler plus « exactement, qu'il n'y a pas d'autre droit que la « force. »

Kant trouve la guerre injuste en soi, c'est la déclarer absurde, et c'est dire de l'humanité qu'elle a vécu jusqu'ici sans justice et qu'elle en demeurera privée tant qu'elle n'aura pas extirpé la guerre de son sein.

A la vérité, je ne comprends pas bien ce langage ; car, affirmer que la guerre est injuste en soi, c'est condamner l'humanité dans le passé et dans le présent, c'est méconnaître les lois de notre nature, c'est oublier l'histoire ; et je ne puis croire que l'incomparable philosophe de Kœnigsberg s'y soit trompé. Il n'a pas pu oublier que si la guerre est injuste en soi, il est des cas où elle devient sainte et sacrée, où même elle s'élève tellement au dessus de nos plus hautes visées, que de la distance d'où nous jugeons, il ne nous reste qu'à en admirer les causes et à en bénir les résultats ; que la guerre est la forme primitive, naïve, si j'ose dire, unique et inaltérable de la justice, qu'elle est le premier mode de jugement invoqué par les hommes, qu'elle est la raison dernière du droit des peuples, qu'en assurant le triomphe de la force, elle assure finalement le triomphe de la justice ; que si, en principe, elle met le droit dans la force, elle met souvent aussi, et dans beaucoup de cas, la force dans le droit; que si, enfin, elle menace notre vie, elle est la garantie de notre dignité et de notre honneur.

Non, ni Kant ni aucun philosophe ne sauraient s'égarer à ce point. Car il faudrait, dès lors, condamner toute manifestation et tout triomphe de la force, il faudrait commencer par dénier à la société le droit de punir.

Qu'on y réfléchisse un instant.

Est-ce que, comme nous l'avons dit plus haut, ce n'est pas, en dernière analyse, dans le droit de la force, que la société puise son droit de punir? Et que serait ce droit de punir, sans la force?

« La force, dit Ancillon, est la garantie néces-« saire du droit; sans elle, il n'est qu'un vain « mot, un véritable fantôme. Cette force n'existe « que dans l'ordre social, ou plutôt elle le cons-« titue. Ce n'est pas la moralité des hommes « qui peut rassurer contre l'abus qu'ils pour-« raient faire de leurs moyens; ce n'est pas elle

« qui fait régner le droit et la justice, c'est « l'existence de la puissance publique qui pro- « duit ce bel effet. »

Ainsi, le droit de punir est dans la force. On me dira : le droit de punir est dans le besoin de protection où sont les citoyens d'un même état, dans le devoir de la société qui a mission de les défendre, dans la nécessité de faire respecter la personne humaine, etc... Mais, est-ce que la société, avec ce devoir et cette mission, n'a pas la force? est-ce que son droit aurait quelque réalité sans cette force?

Est-ce qu'ailleurs, par exemple, le droit des majorités n'est pas identiquement le droit de la force? Qu'est-ce que le suffrage universel, si ce n'est le champ libre d'exercice, le *Champ de Mars* du droit de la force?

On peut dire, avec beaucoup de justesse, que nos députés siégent à la Chambre par mandat et victoire de la force; et que notre gouvernement, issu du suffrage universel, est une auguste émanation du droit de la force.

C'est là surtout que la force est dans le droit.

L'Angleterre, en donnant tout récemment, dans son bill de réforme, ouverture au droit des minorités qu'elle a reconnu et consacré, a déterminé et réduit par là les cas où la force seule pourra désormais triompher.

La société a le droit de punir, et ce droit elle le puise dans sa force; à moins de confondre les principes et de réduire à néant toutes les théories exposées ici, il est impossible de le nier. Et, tout en ne perdant point de vue le sens que je me suis efforcé d'attacher à l'idée de force non plus que la portée de l'idée de droit qui y est liée, il ne faut point s'empresser de crier au renversement de la morale en arguant de mes premières paroles contre ma théorie, laquelle serait censée établir la justice sur la force. Je ne dis rien de pareil. Je dis que le droit de punir que possède la société émane de sa force, qui, dans les sociétés libres, n'est que l'expression de la volonté et de la puissance collectives; et, tout en l'affirmant, je vais jusqu'à soutenir que les sociétés qui ont laissé dans l'histoire les plus beaux et les plus grands exemples de justice, les plus nobles souvenirs du respect de la dignité humaine, sont celles qui étaient le plus fortement organisées et les plus puissantes.

A Rome, à Sparte, à Athènes, sous la république, le citoyen, prêtre et soldat, était juge par dessus tout; il était même plus que cela, il était législateur : le peuple faisait la loi, et la loi ne vivait que par lui. — Je ne trouve pas que la sévérité, peut-être extrême d'un Brutus, prouve de la faiblesse; et je la vois faisant, chez nous, l'objet d'une juste admiration.

Nous avons affirmé l'existence d'un droit de la guerre. Par qui doit-il être exercé? Telle est la question qui se pose ici au milieu des considérations où nous sommes entré.

Eh bien, je dis que, le droit de la guerre, comme le droit de punir, n'est pas un attribut du prince mais bien du souverain.

Je dis que ce qui fait précisément l'odieux du droit de la guerre, c'est qu'il soit remis entre les mains du prince; par où il advient qu'en réalité un seul homme décide de la vie de tous. J'affirme que, conformément à la justice, ce droit sacré revient au souverain, qu'alors il sera le premier et le plus élevé de ses droits : car il sera pour le peuple le droit de se sacrifier librement.

Il est dans le progrès que bientôt les peuples décident eux-mêmes de leur sort, qu'ils aient le droit de guerre et de paix.

Oui, ici, philosophes éclectiques, jurisconsultes scolastiques, savants classiques et académiciens, vous avez raison : le droit de la guerre qui permet qu'une volonté humaine, aussi aveugle que fragile, précipite à la mort toute une armée de citoyens dont la volonté souveraine est en désaccord avec elle; un tel droit est inique. Mais il est sacré le droit qui permet au peuple de dire : « Je veux sacrifier ma vie pour la défense de mon territoire, pour la vengeance de mon honneur, pour le respect de mes droits, pour le triomphe de la justice. A la diplomatie d'ailleurs de régler mon compte d'intérêt, s'il y a lieu; pour moi, pour ce qui est de ma personne morale, j'en appelle au jugement de la guerre. »

Comment, lorsque le gouvernement dispose de notre argent, en principe, il doit nous consulter, et il ne nous consulterait pas lorsqu'il s'agit de notre bien le plus précieux, de notre vie!

Doù vient donc que la raison critique des sociétés modernes n'a pas déjà compris cette injustice; et pourquoi, en se reconnaissant esclave, le peuple n'a t-il pas encore brisé ses chaînes!

Si le citoyen qui paie l'impôt doit être consulté, si sa volonté est pour quelque chose dans la disposition des fonds publics qu'il vote par représentation; celui qui met son bras au service de la patrie et qui expose sa vie pour la défense du territoire ou de l'honneur national, ne doit-il pas être consulté? Est-ce que le sacrifice de sa vie ne doit pas être un effet de sa liberté?

Je dis que, politiquement, la première liberté est la liberté de disposer de notre vie, qu'aucune raison d'État ne saurait s'opposer à elle, la réduire ou la confisquer; que la politique elle même doit lui demeurer subordonnée en conformant ses vues et ses résolutions au respect de ce droit sacré; que les philosophes, les jurisconsultes et les hommes d'État ont montré quelle était leur ignorance ou leur morgue en ne tenant aucun compte de ce droit, lorsqu'ils devaient le proclamer le premier des droits et se dévouer à son triomphe : que cette liberté essentielle du citoyen est la formule même de la révolution et comprend le couronnement de son œuvre.

Si l'homme possède la libre disposition de sa vie, le droit de guerre doit être remis au peuple.

La royauté désarmée, c'est le peuple libre. Le peuple libre, c'est le désarmement universel.

Le service militaire est le dernier vestige de la servitude volontaire: effaçons-le. Si nous ne le faisons, nous mentons à la tradition révolutionnaire devenue la tradition de la France, laquelle est aujourd'hui la tradition de notre siècle.

Chercher les moyens de consulter la volonté du peuple est affaire du gouvernement, ce n'est pas à nous à les lui fournir. Qu'il consulte le peuple directement par voie de plébiscite ou indirectement par voie de représentation : peu nous importe.

Ce qu'il faut dire, c'est que le jour où on aura compris en France que chaque homme doit disposer seul et librement de sa vie, la liberté sera fondée impérissable et resplendissante.

Telle est la dernière formule du *self-government*. Car à quelle liberté voudriez-vous prétendre si vous ne possédiez d'abord celle de disposer de votre vie ; et que seraient des hommes qui auraient le droit de faire leurs affaires sans contrôle, de se réunir, de publier toutes leurs idées, d'attaquer, sans autorisation spéciale, les agents responsables d'un pouvoir émané de leur volonté et soumis lui-même à une loi faite par eux; etc.., si leur vie, ce qu'ils possèdent au monde de plus précieux, dépendait absolument de ce pouvoir et si ce pouvoir était tout entier entre les mains d'un seul homme?

Je me soucie peu, pour ma part, des nécessités de la politique, surtout lorsqu'une gloire inutile à un peuple qui ne veut plus d'autres lauriers que ceux de l'industrie, de la science et de l'art, s'achète, du fait de la volonté d'un seul homme, au prix de milliers d'existences : une telle gloire ne peut plus être que la glorification de la force, et je doute qu'aujourd'hui l'idéalisme populaire s'en contente.

Nous élevons la prétention de disposer de nos existences aussi bien que de nos fortunes, et, nous préférons la paix et la liberté par le peuple à la gloire par le prince.

Qui oserait nous contester le droit de disposer librement de notre propre vie?

Et pourtant, ce droit sacré nous ne l'avons point ou plutôt nous n'en jouissons point; car il existe, il est inscrit dans la conscience humaine, et il s'en dégagera violemment comme le plus considérable de nos droits oubliés dans la *Déclaration des droits de l'homme.*

Il faut choisir : ou les grands vices, les grands hasards, les grands massacres, les grands ministres tels que Richelieu ou Bismarck, les grandes gloires monarchiques telles que Louis XIV ou Fréderic II, ou bien les vues d'intérêt privé, l'assurance d'une politique nationale garantie par la paix, des ministres qui, responsables de leurs actes, marquent le pas du progrès au lieu de se laisser traîner à sa remorque, des princes sages, sans missions providentielles, exécuteurs et défenseurs d'une loi dont ils dépendent eux-mêmes et qui fassent de l'intérêt du peuple l'intérêt de leur propre dignité.

Le progrès, c'est l'armée de la civilisation, avançant à marche forcée.

On ne raisonne pas avec le progrès ; on peut le précipiter ou le retarder : on ne saurait l'anéantir.

Ainsi, qu'on doive le regretter ou s'en réjouir,

je crois que le temps de la politique humaine, de celle qui consiste par dessus tout à respecter et à épargner la vie sacrée de l'homme, de celle qui a pour but l'établissement et le maintien d'une paix stable, la garantie des libertés qu'on a déjà nommées *les libertés nécessaires*, auxquelles il faut ajouter maintenant la liberté du droit de la guerre, l'accroissement indéfini du bien-être général, le dégrèvement des impôts, la réalisation de tous les progrès sociaux, la solution des problèmes économiques que la contradiction et la critique d'un âge de transition a ajournée, le développement indéfini des lettres, des sciences, des arts, l'étendue illimitée de l'industrie et du commèrce : oui, je crois fermement que le temps de cette politique est venu, et qu'il faut de bonne grâce dépouiller en nous le vieil homme pour adopter le régime politique destiné à satisfaire au besoin de paix et de liberté qu'éprouvent aujourd'hui tous les peuples.

CHAPITRE IV

APPLICATION DE NOS PRINCIPES A LA QUESTION DE L'ITALIE. — DE QUELQUES CONDITIONS DE LA LIBERTÉ OU DU SUFFRAGE UNIVERSEL. — COALITION CONTRE LA FRANCE. — CONCLUSION SUR L'ITALIE.

Eh bien, je le demande maintenant, croyez-vous que la guerre d'Italie aurait eu lieu si le droit de la guerre avait été exercé par le peuple?

Ma conviction est toute contraire, et je l'appuie sur de bonnes raisons, non sur des hypothèses.

A part une certaine effervescence du journalisme inintelligent et irréfléchi, la popularité dont la guerre d'Italie a joui un instant dans notre pays, a été d'ailleurs très surfaite. Elle n'est peut-être due qu'à la gloire dont nos courageux soldats se sont couverts. Elle n'a certainement pas été inspirée par la gratitude de l'Italie envers nous.

La guerre n'a eu lieu que parce que Napoléon III était seul à la décider, et à ce propos je me rappelle que M. Prévost-Paradol disait quelque part, dans une de ses lettres au *Courrier du Dimanche* (journal qui a payé de sa propre suppression la collaboration de cet estimable écrivain), que si Napoléon III avait été l'empereur des Italiens, il n'eût pas agi autrement qu'il n'avait fait.

Le journalisme a sa part de responsabilité dans la campagne de 1859, et je ne puis passer sans lui dire combien j'ai trouvé que sa conduite manquait de sens. Je parle du journalisme libéral, de ces démocrates ou soi-disant tels, penseurs aveuglés, socialistes abusés, les mêmes qui avaient pris à tâche, en 1863, d'inciter le gouvernement à la guerre, en faisant naître et en entretenant en Pologne des espérances que nous n'étions nullement en mesure de réaliser. En soulevant partout des orages, en amenant les peuples sur les champs de bataille, par suite de la vulgarisation d'une opinion factice qui fait illusion aux princes mêmes, ils croient servir la cause de la liberté.

Leur conduite surprend d'autant plus que, si aujourd'hui cette démocratie égarée proteste hautement contre la guerre et élève des vœux pour la paix, c'est parce que le droit de la guerre est demeuré jusqu'ici entre les mains du prince.

S'il était aux mains du peuple, chacun étant le maître de sa propre vie et décidant s'il doit la sacrifier ou la conserver, aucune protestation d'aucune nature n'aurait de raison d'être.

La paix dépend de celui qui a le pouvoir de faire la guerre.

Donnez ce pouvoir au peuple et la paix ne dépendra plus que de lui.

Comme il a intérêt à la conserver, qu'il ne vit et ne peut prospérer que par elle, elle ne sera jamais troublée que pour des causes graves, et les cas de guerre seront devenus tellement réduits qu'on pourra presque dire que la paix est définitivement assurée.

La paix a sa garantie dans la liberté, c'est à dire dans le fractionnement indéfini de la responsabilité sociale.

De même que chaque homme résume métaphysiquement le monde tout entier en sa personne, de même le citoyen doit résumer socialement en lui toute l'économie politique et sociale. Il doit être à la fois électeur et élu, administrateur et administré, gouvernant et gouverné, producteur et consommateur, vendeur et acheteur, etc.

Si on agit pour lui, on doit aussi penser pour lui : alors, autant vaut la mort.

Les fonctions politiques sont les plus élevées de l'ordre social.

Pour y atteindre, il suffit d'en être digne et d'en avoir la force. Celui qui aurait la dignité sans la force ne saurait y parvenir.

Au premier rang des fonctions politiques se placent celles de mandataire de la nation ou de représentant du peuple.

Avoir reçu l'investiture du peuple, être l'élu du suffrage éclairé de ses concitoyens, représenter une fraction de souveraineté, avoir le droit de proclamer hautement son opinion tout en cherchant à la faire partager, pouvoir condamner ce qui est mal, approuver ce qui est bien, arrêter ou changer la marche aveugle des gouvernements par le vote de l'impôt et celui du contingent militaire, en faisant prévaloir par là la volonté du souverain sur celle du prince : c'est là le plus noble objet de l'ambition d'un homme de bien, et c'est là aussi la plus belle récompense de ses efforts qu'il tienne ce pouvoir de la volonté de ceux pour lesquels ces efforts sont incessamment renouvelés.

Dans notre société, il existe encore trop d'inégalités pour que le suffrage universel soit un instrument de bon gouvernement.

Le suffrage universel, dans les données actuelles, est tout simplement une absurdité. Il demeurera tel tant que l'inégalité subsistera aussi grande entre les hommes.

Le suffrage universel est une arme dangereuse avec laquelle la France, encore enfant, s'est frappée, en se jouant, d'une blessure dont elle n'est pas relevée à cette heure.

L'égalité est dans l'équivalence des fonctions sociales et dans l'équation des fonctionnaires dans chaque fonction; ce qui veut dire que du moment qu'il y a équivalence entre les fonctions, soit un maire pour dix mille habitants, un médecin pour mille, etc... et même rapport dans la rétribution de ces fonctions, que d'autre part, il y a équation ou égalité entre tous les maires et tous les médecins par exemple; l'égalité sociale existe, relative sans doute (elle ne saurait devenir absolue, sans constituer un état social inconcevable et absurde), mais très réelle.

Or, entre un maire qui sait lire et un maire qui ne sait pas lire, il n'y a pas égalité. Comme on trouve des maires de l'un et de l'autre genre, et que les inégalités qui s'accusent, d'une part entre les autres fonctions sociales, d'autre part entre les fonctionnaires, sont bien plus considérables encore, je dis que, bien que marchant à l'égalité, notre société vit encore en dehors d'elle ; partant que le suffrage universel est prématuré.

Le suffrage universel doit être l'instrument des peuples libres ; lorsqu'il sert à l'établissement et à la perpétration du despotisme, c'est un chancre politique des plus funestes, et tout le corps social est gagné par la corruption.

L'indépendance d'un peuple est tout entière dans ces deux termes :

Liberté des élections.

Équivalence des suffrages.

L'équivalence des suffrages est, à son tour, dans ces deux termes :

Égalité d'instruction.

Respect du droit des minorités.

La liberté des élections peut s'obtenir aisément; elle peut dépendre de la forme des gouvernements. Toutefois elle existe, et elle existe sans restriction en Angleterre, par exemple (1).

Quant à l'équivalence des suffrages, elle ne saurait s'obtenir, à moins que cette égalité indéfiniment approximable, que les philosophes se sont posée comme idéal et les socialistes comme but suprême à atteindre, ne soit devenue suffisamment approximée.

A cet effet, je le reconnais, l'instruction et l'instruction obligatoire serait le moyen transitoire le plus efficace et le plus rapide de rapprocher les hommes, de rendre bientôt possible l'égalité des fonctions sociales contenue en principe dans l'instruction, enfin, de faire du suffrage universel, pour le peuple, en même temps qu'un droit réel et personnel, une merveilleuse expression de sa volonté agissante.

(1) Voy. à ce sujet un excellent article de M. Alphonse Esquiros, dans la *Revue des Deux Mondes*, livraison du 15 août 1867.

Eh bien, commencez par me donner la liberté des élections : et avec elle seule, appelant le peuple français tout entier à la question de savoir si le gouvernement devait porter ou non la guerre en Italie, j'aurais prouvé que les sentiments du pays étaient en désaccord avec ceux de l'empereur, que les paysans de nos campagnes n'étaient nullement disposés à faire le sacrifice de leur sang et de leur argent en faveur d'une dynastie savoyarde.

Que l'on ne m'objecte point que la majorité du Corps législatif a sanctionné l'expédition par ses votes répétés, et qu'ainsi l'expédition, s'étant faite aux applaudissements des mandataires, elle ne saurait être désavouée, ni désapprouvée par les mandants.

D'abord, il faudrait examiner dans quelle mesure la majorité d'une assemblée législative représente la volonté d'une nation.

D'autre part, lorsque j'ai parlé de gouvernements, je n'ai point précisément cité le nôtre comme le modèle des gouvernements libres.

J'ajoute maintenant qu'avec la même liberté des élections, avec elle seule encore, j'aurais prouvé que, si la France avait été consultée après la paix de Villafranca, ce n'est point en faveur de l'unité qu'elle se fût prononcée.

En Angleterre, le peuple possède jusqu'à un certain point l'exercice du droit de la guerre. Car, s'il désapprouve la politique d'un cabinet, ses représentants renversent celui-ci et substituent leur propre action, d'accord avec la volonté souveraine, à une action discordante.

Seulement le vice est en ceci, que ce changement ne peut s'opérer qu'après l'événement.

Dans tous les cas, si la guerre déclarée par un cabinet mal inspiré ou demeuré sourd à la voix du pays n'obtient pas la sanction des représentants du peuple, ceux-ci peuvent l'arrêter en refusant les subsides; sans qu'il en résulte aucun trouble dans le pays ni aucune révolution dans les rouages du gouvernement.

Aussi, en Angleterre, le ministère s'efforçant toujours de demeurer l'expression de la majorité de la nation, les affaires sont-elles conduites avec une grande sagesse, et par dessus tout conformément à l'intérêt national. On peut dire de l'Angleterre qu'elle a une politique, et cette politique est loin d'être la politique du principe des nationalités, c'est la politique de l'intérêt, c'est le système de Hobbes diplomatisé.

C'est en se conformant à cette tradition que l'Angleterre n'est point intervenue une seule fois activement, depuis la guerre de Crimée, dans les questions qui ont successivement agité la France, l'Autriche, l'Italie, la Prusse, pour ne pas dire l'Europe entière.

N'ayant d'autre ambition que son développement colonial, l'extension toujours plus grande de son commerce, la supériorité assurée à ses produits sur tous les marchés du monde; tout en faisant sentir partout le poids de son influence, elle ne se mêle directement d'aucune affaire continentale, n'essaie point de relever les trônes déchus, ne s'avise point de constituer de puissants voisins à ses côtés en se faisant de petits amis de grands ennemis, ne sacrifie pas un penny à l'établissement d'aucune monarchie étrangère ou transatlantique, ne soutient de ses armées aucune idole, aucun fétiche; enfin se borne aux soins de sa prospérité et de sa grandeur.

L'Angleterre a toujours voulu l'amoindrissement de la France ; c'est là l'âme de sa politique. Je veux bien que des deux côtés de la Manche on entende, un peu mieux que par le passé, les conditions d'une loyale concurrence (je ne demanderais qu'à voir les peuples amis, ne se livrant à d'autre guerre qu'à l'échange de leurs produits); il reste vrai cependant que si, socialement, il y a concurrence amicale entre les deux pays, politiquement il y a antagonisme.

Ce qui le prouvera c'est l'attitude gardée, en toute occasion, par l'Angleterre envers nous. Dans la question qui nous occupe, elle a laissé l'unité s'établir en Italie, puis elle a reconnu le royaume de Victor-Emmanuel. A son exemple, toutes les autres puissances d'Europe sont demeurées passives, applaudissant à la formation d'une grande nation aux flancs de la France, et s'empressant de donner leur adhésion à la reconnaissance du nouveau royaume.

Je sais bien que cette reconnaissance a été provoquée par la France elle-même, qui a été jusqu'à la mendier pendant assez longtemps à l'Espagne. Les états de l'Europe ont été mis ainsi fort à leur aise en paraissant se laisser prier ; et je ne veux pas dire la comparaison que me suggère le rôle de la France dans cette occasion.

Sincèrement, en envisageant dans leur ensemble tous les faits relatifs tant à la guerre d'Italie qu'à la constitution et à la reconnaissance du royaume, j'y vois la manifestation d'une coalition de toute l'Europe contre nous, et, ce qui est inouï, c'est que cette coalition a été occasionnée par notre politique et que chaque état n'a eu pour ainsi dire qu'à jouer le rôle que nous avions nous-mêmes déterminé pour chacun.

Cette coalition a été ainsi, moins le fait de la volonté des princes que celui de la nécessité des situations, et depuis qu'elle a paru elle a semblé grandir de jour en jour.

A cet égard l'Angleterre s'est montrée jusqu'ici animée, contre nous, de toutes les défiances de l'Europe.

Nous avons vu que, mécontente de l'annexion de Nice et de la Savoie, elle avait donné le signal de la reconnaissance du royaume d'Italie, paraissant se conformer en cela au vœu de la France. Elle a fait plus, elle a été jusqu'à nous entretenir des ennemis dans ce pays.

En 1863, lorsque nous voulûmes intervenir pour la Pologne conjointement avec l'Angleterre, quelle attitude prit-elle? Elle rejeta notre proposition; et comme la France ne pouvait intervenir seule, la Pologne fut égorgée.

L'Angleterre se souvenait peut-être à ce moment que nous lui avions imposé la paix en 1856, en refusant de poursuivre avec elle la guerre d'extermination par laquelle la Grande Bretagne prétendait réduire la Russie en la subjuguant pour des siècles.

En 1864, elle nous abandonna au Mexique...

En 1867, si elle parut nous rendre le service de nous réconcilier avec la Prusse, elle eut surtout en vue de se donner le mérite facile d'assurer la paix à l'Europe; et pour cela c'est la France qui dut, de gré ou de force, renoncer à l'acquisition du Grand-Duché (1).

Sauf ces réserves, d'un ordre exclusivement

(1) En ce moment même, la préoccupation la plus vive de l'Angleterre n'est-elle pas de contre-balancer l'influence française en Afrique? Tandis qu'elle devrait porter son attention sur l'Irlande, elle la détourne sur l'Abyssinie. Elle veut occuper le littoral de la mer Rouge du côté de Perim qu'elle possède déjà. Avec Aden, de l'autre côté du détroit de Bab-el-Mandeb, elle deviendra, ainsi fortifiée dans les positions qui sont les plus rapprochées des Indes, la véritable maîtresse de la route qui y conduira.

Suez devient vassal. La France aura travaillé pour l'Angleterre. Car si quelqu'un doute encore du succès de la merveilleuse entreprise du percement de l'isthme, qui peut douter, aujourd'hui, du résultat de l'expédition d'Abyssinie?

A propos de l'Irlande, il est bon de dire qu'elle crée, à son tour, de tels embarras à l'Angleterre, que celle-ci commence à politique, je me plais à me déclarer l'ami du peuple anglais, dont j'envie, pour mon pays, un peu de sa sagesse et de ses libertés.

Quant à l'Italie, à qui je reviens, elle n'a pas encore cessé d'agiter le monde.

Et tandis que je parle d'elle, à cette heure, comme un critique qui pourrait paraître attardé, Garibaldi s'agite aux portes de Rome et les journaux d'hier, ô contradiction de l'homme! annonçaient qu'en attendant le moment fortuné de l'action, le même Garibaldi se rendait à Genève pour prendre part au congrès de la paix! (1)

Oui; et c'est encore à la politique des nationalités que Rome sera redevable de sa chute.

Le principe qui a emporté les trônes de Toscane et de Naples emportera le trône du pontife, jusqu'à ce qu'un principe nouveau ait emporté le pontife lui-même.

perdre quelque chose de sa tendresse pour le principe des nationalités.

Nous aurions voulu l'en voir ennemie avant la guerre d'Italie.

(1) Voir la note page 94.

En signant la convention du 15 septembre, la France, qui croyait faire acte de dévotion, a rendu la chute du pape plus certaine. On peut dire aujourd'hui qu'elle est inévitable.

Mais c'est avoir acheté trop cher cette déchéance que de l'avoir achetée au prix de l'unité italienne, et si l'on a voulu faire de cette unité le tombeau de la papauté, le succès de l'entreprise n'aura rien prouvé contre le choix d'un autre moyen.

Pour ma part, j'en connais deux que j'aurais employés : la liberté qui est la forme d'action de la raison, et le temps qui est la condition du progrès.

Que le gouvernement français prenne garde d'intervenir encore à Rome par les armes, comme les journaux l'y montrent disposé depuis quelque temps.

Ceux qu'il a secourus en 1859 deviendront ses plus implacables ennemis et ils ajouteront la haine à l'ingratitude.

Alors, si la Prusse la décide, la guerre

pourra s'allumer dans toute l'Europe, et rien ne permet de supposer que la France n'en sera pas la victime.

Mais si notre gouvernement est obligé de faire respecter lui-même, par une intervention armée, la convention du 15 septembre, c'est que le gouvernement italien est bien impuissant ou bien hypocrite. Nous serions tenté de dire avec M. Emile de Girardin dans *la Liberté* : « Assez d'hypocrisie! Est-ce que si la nouvelle « arrivait à Florence que, grâce aux volon- « taires de Garibaldi, l'insurrection a éclaté et « triomphé à Rome, S. M. le roi Victor Em- « manuel et S. E. le commandeur Rattazzi ne « s'empresseraient pas de proclamer « qu'enfin « est arrivée l'heure de l'accomplissement de la « *grande œuvre* (1)? » (Termes de la proclamation du 3 août 1862, signée Victor-Emmanuel, contre-signée Rattazzi.)

(1) Depuis que ces lignes ont été écrites, l'intervention française à Rome est devenue un fait aujourd'hui inscrit dans

Ainsi, en résumé, ce qui ressort de cette discussion est ceci : que si le droit de la guerre avait été exercé par le peuple à qui il doit revenir, celui-ci se serait prononcé contre une intervention en Italie, que pour obtenir un tel ver-

l'histoire à la suite de la révolution de 1848 et de celle de 1789. Les combats de Mentana et de Monte-Rotondo ont eu lieu, Garibaldi a été vaincu et emprisonné, la papauté ébranlée plus qu'avant, la révolution italienne étouffée, le gouvernement du roi abruti.

On parle d'une conférence qui déciderait du sort de Rome : c'en est fait de la papauté. Nous ne disons rien de ces événements si ce n'est qu'ils ont assuré le triomphe de la Prusse dans tous les sens, si même ils n'ont irrévocablement décidé sa fortune.

A la Prusse le rôle civilisateur. Cette nation domine maintenant le monde politique et le monde moral : attendons l'avenir!

..... On ne parle même plus de conférence aujourd'hui; car le vote du 5 décembre a eu lieu. Vraiment, notre temps seul montre de tels exemples : l'histoire s'écrit elle-même plus rapidement que ne glisse la plume de l'historien, elle s'apprend aujourd'hui dans les journaux, il faut renoncer à l'enseigner dans les livres.

dict, émanant du peuple, celui-ci aurait dû posséder l'égalité par l'instruction et l'éducation du suffrage universel par la liberté des élections ; que sans aller aussi loin, que quelque éloigné qu'il soit encore de cet idéal, le peuple, dans l'état actuel, aurait repoussé tout projet d'expédition en Italie, qu'ainsi cette expédition est le résultat d'un manque de liberté chez le peuple : Elle est aussi le résultat de inintelligence des principes de la part du gouvernement. Car, il reste démontré que l'unité italienne est une première conséquence du principe des nationalités.

Manque de liberté chez le peuple, dont certains droits sont encore méconnus, inintelligence et fausse application des principes de la part du gouvernement, telles sont les causes qui ont été les plus puissants auxiliaires de l'unité italienne.

Nous avons établi, de plus, comment cette unité italienne avait amoindri la France, et nous avons reconnu que la politique de l'Angleterre, aussi bien et plus encore que la politique des autres états de l'Europe, avait tendu à l'amoindrissement de la France : enfin, par un retour naturel de la pensée, revenant à l'Italie, pour terminer ce chapitre, nous avons montré que celle-ci poursuivait son œuvre d'unification par la revendication de Rome, et les événements ont prouvé qu'ainsi, l'Italie n'avait pas cessé d'être la cause, d'abord occasionnelle, puis constante, de l'amoindrissement qu'a subi la France en grandissant, par sa faute seule, les autres états de l'Europe.

CHAPITRE V

DES ÉVÉNEMENTS DE L'ALLEMAGNE. — DEUXIÈME CONSÉQUENCE DU PRINCIPE DES NATIONALITÉS.

Je bornerais là mes reproches à l'unité de l'Italie si je n'en avais un dernier très considérable à lui faire : c'est qu'elle a déterminé mathématiquement, symétriquement et nécessairement l'unité de l'Allemagne.

M. Thiers l'a dit, avec l'autorité d'un sens politique éprouvé : « Le danger essentiel de l'unité italienne sera de provoquer l'unité allemande. »

Cette unité allemande ne s'est pas faite tout d'un coup; à l'heure même où nous écrivons, elle est en pleine voie de formation, et l'on peut dire qu'elle est si vaste, n'ayant point les limites naturelles imposées à l'Italie, qu'on ne saurait préciser, vu l'ambition et le rapide accroissement de la nation qui la représente, à quelle frontière elle s'arrêtera.

Mais l'Italie lui a donné l'entraînement de l'exemple. Elle a même pu donner à la Prusse le droit de compter sur l'alliance de la France. Car, à n'envisager que le principe des nationalités et le droit si respecté en France, pour un peuple, de se constituer unitairement; en quoi, je le demande, l'unité allemande différait-elle de l'unité italienne? En quoi était-elle plus légitime? Pourquoi aurait-elle été plus menaçante pour nous?

Amis déclarés de tous les peuples qui se croient libres et qui paraissent désireux de fondre leurs nationalités respectives dans une nationalité commune, nous devions tendre la main aux Prussiens, comme nous l'avions tendue naguère aux Italiens.

A quelques différences près, au fond tout s'est passé en Allemagne comme en Italie. Est-ce que les nationalités ou états hanovriens, hessois, etc., n'ont pas été violés comme les nationalités ou états napolitains, toscans, etc., et les trônes renversés, des deux côtés, presque identiquement?

Est-ce que l'unité ne s'est pas établie, par la guerre, dans les deux pays? Est-ce que ce n'est point la force qui y a triomphé? Est-ce que l'unité allemande ne se fait point au profit de la maison des Hohenzollern, comme l'unité italienne s'est faite au profit de la maison de Savoie?

Je ne comprends pas ceux qui ne veulent pas que l'unité allemande soit la sœur cadette ou la fille aînée de l'unité italienne. Il faut qu'ils soient aveuglés par le préjugé. Car s'ils objectent encore la généralité et la vivacité du désir qu'ont manifesté les Italien sà se constituer unitairement, je leur répondrai que si le désir des Allemands ne leur paraît ni aussi général, ni aussi vif, il me paraît à moi beaucoup plus sérieux, vu le caractère du peuple; et tout m'assure que si l'unité allemande parvient à s'accomplir, elle vivra plus vieille, plus prospère et plus grande que l'unité italienne.

Maintenant je sais que de plus qu'en Italie, ici, le pacte fédéral a été foulé aux pieds et la guerre (telle est la différence qu'y font les philanthropes), ayant eu lieu entre Allemands, a été une guerre fratricide.

Mais l'embryon de l'unité allemande est le même que celui de l'unité italienne, le prétexte de guerre le même aussi; c'est toujours le principe des nationalités.

L'empereur, en mettant en avant le principe des nationalités et en en faisant l'âme de sa politique extérieure, a déterminé, fatalement et par contradiction, la formation de l'unité italienne. Il a déterminé également, par contre coup et dans les mêmes conditions, l'unité allemande. Je souhaite qu'il n'en détermine pas d'autres en Europe.

M. de Bismark aurait certainement été très embarrassé, si la France ne lui avait fourni le principe qui devait, entre ses mains, devenir un si formidable *casus belli*, et un instrument si précieux pour le triomphe de sa politique.

En effet, que s'est-il passé?

La Prusse et l'Autriche ont commencé les hostilités en intervenant par les armes, en Danemark, par suite d'une question habilement soulevée et compliquée à dessein d'un cas hiéroglyphique de succession. Je ne sais, à ce propos, de quel côté était le droit. Ce que je puis assurer, c'est que lorsque je fus en Allemagne, et notamment dans le Holstein, en 1865, je vis partout le duc d'Augustenbourg déchu y être l'objet des plus vives sympathies et être considéré partout comme le véritable héritier.

Les populations du Holstein et du Sleswig qui appartenaient alors au Danemark furent considérées comme entièrement allemandes, tandis qu'elles comptaient une fraction danoise et une fraction allemande. Et l'on parlait de principe des nationalités, et l'on se battait pour savoir si les duchés de Holstein et de Sleswig voudraient appartenir au Danemark ou à l'Allemagne! — On voulait consulter les populations.

La Prusse et l'Autriche parlaient comme si les duchés n'eussent compris que des Allemands; le Danemark comme s'ils n'eussent compris que des Danois.

Il y eut un instant où cette question prit les proportions de la tour de Babel.

L'Autriche, qui avait d'autres soins, s'étant retirée, on vit la Prusse, seule et pour son propre compte, revenir à la charge.

Elle y était encouragée par la France qui disait toujours : Consultez donc les populations.

Cependant, lorsque l'Europe aperçut la Prusse enivrée de voir quarante de ses soldats battre un Danois, elle s'émut; et une conférence fut convoquée à Londres en avril 1864.

Quel était le rôle de la France?

Soutenir le principe des nationalités et assurer son triomphe. Elle se tint fidèlement à ce programme : il faut lui rendre cette justice. Mais l'Angleterre, se souvenant de l'annexion de Nice et de la Savoie qui n'était, à ses yeux et avec raison, qu'une manière d'application du principe des nationalités, l'Angleterre ne voulut point intervenir activement, et tout en s'en tenant aux termes du traité signé à Londres, en 1852, qui consacrait l'intégrité de la monarchie danoise et lui maintenait les duchés de l'Elbe en la plaçant sous la protection des grandes puissances, les diplomates, en bons logiciens, se séparèrent laissant cette monarchie entamée.

Il est avéré aujourd'hui que c'est la France qui en 1864 a refusé à l'Angleterre, qui l'avait sollicité, son concours pour une intervention en Danemark.

Et qu'est-ce qui retenait la France? — Le principe des nationalités.

Elle essayait, en abandonnant le principe du traité de 1852, à l'égard duquel elle se plaisait toutefois à reconnaître « que les circonstances pouvaient en réclamer la modification », de substituer à ce principe celui des nationalités.

Ceci pourrait être établi pièces en mains. Car les pièces ne manquent pas. Il suffira de rappeler ce passage d'une dépêche adressée en janvier 1864, par le gouvernement français à son ambassadeur à Londres : « L'empereur a toujours été disposé à avoir de grands égards « pour les sentiments et les aspirations des na- « tionalités. Il est impossible de nier que le « sentiment national et les aspirations des Alle- « mands tendent vers une union plus étroite « entre eux et les Allemands du Holstein et du « Sleswig.

« L'empereur éprouverait de la répugnance « pour tout moyen qui l'obligerait de s'opposer « par les armes aux vœux des Allemands. »

Ces paroles sont parfaitement claires et il en résulte ceci : c'est que le principe des nationalités, en laissant écraser le Danemark, a non seulement donné à une guerre inique la sanction d'un prétendu principe de justice, mais a été la seule cause des événements de 1866 et 1867, lesquels en enflammant l'Allemagne ont failli, un moment, incendier l'Europe entière.

Cependant les avertissements ne manquèrent pas à la Prusse; mais elle répondait doucement par le principe des nationalités, et nous ne trouvions plus rien à lui objecter.

L'intelligence des diplomates est une rétine sensible sur laquelle le moindre événement doit projeter un flot de lumière.

Toutefois M. de Bismarck, paraissant ne tenir qu'au triomphe du principe des nationalités, tint longtemps son ambition cachée, et, plus tard, lorsqu'elle se démasqua, tous les cabinets d'Europe en parurent surpris.

Appuyé sur une armée fortement disciplinée et confiante dans une arme nouvelle, dont elle ne soupçonnait pas encore tous les effets, M. de Bismarck poursuivait un but plus élevé que la solution de telle ou telle question de succession ou de nationalité, c'était la constitution et l'unification de la patrie allemande.

Cette unification, on ne peut pas le nier, l'Allemagne la désirait. Aussi a-t-on vu ce ministre, serviteur arrogant d'un roi despote, signalé à la haine et au mépris de tous les états libres, devenir, au lendemain des événements de 1866, l'objet de la plus sincère reconnaissance et de la plus naïve admiration.

Qu'il y ait, pour le philosophe, quelque chose de triste et de décourageant dans ce retour subit de sentiments chez les peuples et que l'historien l'enregistre sévèrement comme un signe de corruption et de faiblesse, la raison primesautière des peuples ne s'en émeut guère; adoratrice de la force, elle va droit au vainqueur, le salue et le fait roi. Elle trouve sa gloire dans son triomphe sans paraître comprendre qu'en agissant ainsi elle se condamne à consacrer éternellement le droit de la force au prix de la liberté!

En cela nous n'avons pas fait un pas depuis le moyen âge.

L'Allemagne voulait donc s'unifier.

Entre toutes les puissances allemandes, c'est à la Prusse que revenait le rôle unificateur.

Sa véritable origine remonte à 1740.

Sortie des mains puissantes de Frédéric II, la Prusse s'est accrue depuis cette époque dans des proportions incomparables, s'étendant du duché de Prusse en Silésie et en Pologne, bientôt en mesure de résister à la coalition des grandes puissances; et s'élevant, en un siècle et quart environ, du chiffre de 2,240,000 sujets, au chiffre aujourd'hui fabuleux de 29,321,849!

A cette nation savante, réformée, progressiste, revenait naturellement la mission de réveiller et de réaliser l'idée de patrie allemande.

Mais elle ne devait point le faire à son profit. Cette ambition lui coûtera la vie; car je le dis bien haut : L'Allemagne tuera la Prusse.

Au lieu que l'Allemagne devienne prussienne, comme on paraît le croire partout aujourd'hui, c'est la Prusse qui deviendra allemande; ce qui veut dire que le grand mouvement national soulevé par cette puissance, plus rapide que la pensée, plus fort que les gouvernements, plus entraînant que les victoires, emportera la Prusse elle-même tout entière dans son immense évolution.

Ce n'est point sans danger pour soi-même qu'on peut exciter le sentiment de patrie chez une nation jeune et ardente; et, si grand que soit le génie des hommes d'État qui s'y exposent, il est des prévisions qui passent sa portée.

Cela est vrai, surtout de ceux qui, à l'exemple de M. de Bismarck, exploitent une passion populaire pour le succès éphémère de leur politique.

Avoir été pendant longtemps le tyran d'un peuple et tout à coup descendre jusqu'à lui, lui souffler à la fois l'ambition et l'orgueil en lui donnant la force, le mener à la conquête en libérateur des nations, grandir son prestige en le couvrant de toutes les gloires, tout cela est possible à un homme tel que M. de Bismarck et peut devenir l'objet de l'admiration et des efforts de bien des ministres envieux ; mais c'est un péril immense auquel aucun vainqueur ne saurait échapper; nulle garantie pour l'indépendance des peuples, désormais nulle espérance de paix.

Si certains libéraux prussiens ne le comprennent pas encore; il reste un Jacoby, aussi grand citoyen qu'habile politique, qui, ayant flétri le despotisme et le militarisme avant leur triomphe, demeure aujourd'hui leur ennemi.

Si la Prusse, qui a l'âme libérale, je le reconnais, et dont la plus belle histoire remonte à la période du règne de Guillaume Ier qui a précédé l'année 1866, alors que le parlement assemblé à Berlin luttait avec courage et patriotisme contre le césarisme d'un ministre-roi, si la Prusse démocratique et fédéraliste s'était présentée à l'Allemagne en agitant le drapeau de la liberté et en appelant tous les peuples de la Confédération à la constitution d'une patrie commune, alors le plus beau spectacle du monde se serait offert à la vue de l'Europe réjouie; les peuples confiants se seraient levés à l'appel de leur frère comme à la voix de la liberté, et, sans conquête, sans violation du droit, peut-être sans effusion de sang, l'unité allemande se serait faite plus grande et plus durable!

Au lieu de cela, nous voyons une ville telle que Francfort bâtonnée et muselée, maudissant la dissolution de la Confédération, maudissant la Prusse et prenant l'idée de l'unité en haine; un royaume tel que le Hanovre indigné et prêt à la révolte, un duché tel que le Sleswig gémissant et n'aspirant qu'à se soustraire à la domination étrangère; partout haine de la Prusse et par conséquent, pour l'unité nationale, les plus fâcheuses conditions d'établissement.

De quelque immunité que la Prusse vienne à doter Francfort sur-le-Mein, jamais cette ville, dont le commerce considérable est aujourd'hui garotté par une fiscalité barbare, ne redeviendra la république libre et florissante qu'elle était autrefois.

Quelque sympathie que la Prusse cherche à faire naître, elle ne deviendra l'amie ni du Hanovre, ni de la Saxe, ni de la Hesse, ni du Sleswig, etc...

Qu'après un long temps de servitude, ces états énervés, ayant perdu le souvenir de leurs princes et de leur passé, acceptent l'ingérance prussienne comme un fait qui leur vaut la qualité de sujets allemands et qu'ils y trouvent une sorte de compensation dont ils s'accommodent, cela est possible, cela est probable même. Mais que M. de Bismark y prenne garde; l'unité de l'Allemagne est une idée nouvelle qui se réalise à contre-sens, c'est à dire en général contre le vœu de ceux-là mêmes qui l'ont comprise et caressée avec le plus de passion.

L'Allemagne entière a voulu l'unité; mais M. de Bismark se flatterait-il d'avoir réalisé ce désir de la manière qu'elle souhaitait?

Tant qu'on ne pensera pas à Berlin comme à Hanovre, comme à Dresde, comme à Sleswig, comme à Francfort, on ne pourra pas dire que l'unité de l'Allemagne est faite, et faite par la Prusse.

Si l'on en croyait certains démocrates prussiens qui s'estiment de grands patriotes, la politique du parti libéral aurait consisté à assister M. de Bismarck dans toutes ses aventures, à seule fin d'ébaucher l'unité qui était le vœu national, qui ne pouvait être ébauchée que par son tour de bras vigoureux; après quoi ils compteraient le renvoyer avec ingratitude pour accomplir à eux seuls, sous la seule égide de la liberté et de la paix, le grand œuvre unitaire (1).

Les démocrates et les députés libéraux y ont-ils bien réfléchi!

Je les crois très courageux, mais je sais le peuple de Berlin fort sage et fort paisible. Je le sais, car j'étais à Berlin en 1865, alors que la lutte entre le parlement et la couronne semblait devoir se terminer par un duel entre MM. Wirchow et Bismarck, alors que tout le monde s'attendait à voir la révolution éclater dans les

(1) Les événements du jour sont loin de nous montrer rien de pareil.

rues de Berlin, tout le monde excepté ceux qui connaissaient le pays.

L'inquiétude était partout en Europe, tandis qu'on n'était nulle part plus tranquille qu'à Berlin.

Le peuple qui a vaincu l'Autriche à Sadowa, triomphera-t-il à Berlin de la résistance de son roi?

S'il veut renverser son gouvernement en aura-t-il la force?

La liberté n'est point de conquête aussi facile que tel ou tel petit état, et les plus grands peuples y échouent; c'est même une remarque fâcheuse à faire, qui prouve encore que l'histoire tient peu de compte des gros amours-propres; mais les peuples conquérants ont toujours été les peuples esclaves.

L'avenir de M. de Bismark et de son roi n'est donc pas si net. Comme je crois que le peuple prussien veut la liberté, qu'il est décidé aux plus grands efforts pour l'obtenir, qu'il ne compte pour cela que sur lui-même, que l'unité ne peut s'établir que par elle, que partout où l'unité est mal comprise c'est qu'elle ne paraît point se faire au nom de la liberté, je crois que le gouvernement prussien sera mal venu à s'obstiner dans sa conduite et que s'il y persiste, les passions qu'il a soulevées pour se grandir, le renverseront à son tour.

On sait la marche rapide des victoires de la Prusse.

Après une campagne de sept jours, la Prusse, qui s'était avancée jusqu'aux portes de Vienne, revenait couverte de dépouilles, dictait sa loi à l'Autriche qu'elle mettait dans la nécessité de céder la Vénétie à l'Italie (qui elle, n'avait pas encore achevé son unité, qui ne l'a pas encore achevée aujourd'hui, puisque Rome lui manque), et refusait à la France jusqu'à la moindre *compensation territoriale* pour me servir du langage officiel.

Cependant la France semblait mériter quelque chose en retour de la *neutralité attentive* qu'elle avait gardée.

Aussi doit-elle accuser la Prusse d'ingratitude puisque après lui avoir ouvert le chemin dans les duchés, par le principe des nationalités et avoir assisté, l'arme au repos, à ses exploits hardis, celle-ci paraît ne tenir aucun compte de nos réclamations, oublieuse qu'elle est des services que nous lui avons rendus d'une manière à la fois si désintéressée et si amicale.

La France pouvait-elle empêcher les conquêtes de la Prusse? La puissance qui s'est flattée de l'avoir arrêtée aux portes de Vienne, pouvait-elle lui faire respecter le royaume de Hanovre, celui de Saxe, etc.?

Si elle ne pouvait empêcher l'unité de s'établir sans manquer et au sage principe de non-intervention et à la plus simple notion de droit, ne pouvait-elle pas s'opposer à la violation flagrante du droit des gens en Allemagne?

Ne devait-elle pas, au nom du principe des nationalités qu'elle avait proclamé si haut, intervenir pour le faire respecter dans tous les états inféodés depuis au royaume de Prusse?

Au nom du principe des nationalités, la nationalité danoise devait être respectée, les nationalités saxonnes, hanovriennes, hessoises respectées au nom du même principe.

Si le vœu des populations de ces états était de s'annexer à la Prusse, ces populations, suivant le même principe, devaient être consultées et leur vœu librement exprimé?

La force ne devait point se substituer à la pacifique application du principe des nationalités, comme pour en montrer le néant.

En laissant la force triompher partout, par la conquête, la France a abdiqué partout son rôle de paix et de justice!

Pouvant empêcher la guerre, elle l'a laissé faire. L'ayant laissé faire, elle n'en a tiré aucun profit. Elle a donc manqué, à la fois, à l'humanité qui veut la paix et au pays qui veut son intérêt.

Elle a laissé échapper une occasion unique de reconquérir *la frontière germanique du Rhin* : alors que les armées prussiennes étaient dispersées en Bohême, il lui suffisait, sans exposer la vie d'un seul soldat, de jeter cent mille hommes sur le Rhin pour dicter sa loi à la Prusse et donner la paix au monde.

On a dit cela de tous côtés depuis le traité de Prague, je l'ai entendu répéter par des officiers de l'armée qui, jugeant les événements, attendaient avec la plus vive impatience l'ordre d'avancer à la frontière.

On répond que nous n'étions pas préparés à la guerre, que nos soldats n'étaient pas armés, etc... Qu'avaient-ils besoin de l'être? Il suffisait d'une démonstration et d'un déploiement de force. Il suffisait à notre politique de tracer vigoureusement sa ligne et son but, par la marche d'une armée (1). Alors les citadelles, les villes fortes

(1) Je parle ici, uniquement, au point de vue de la discussion diplomatique dans laquelle je suis engagé; car, je suis loin de prétendre que la France devait saisir l'occasion de reconquérir la frontière germanique du Rhin.

On trouvera exposées plus loin nos idées sur le principe général des frontières naturelles, et l'on verra particulièrement ce que nous pensons de la frontière du Rhin.

de la rive gauche du Rhin n'étaient pas occupées. Ce fait fut très remarqué et il empêcha sans doute l'exécution de ce plan. En effet, si la rive gauche du Rhin n'était pas occupée, c'est que la Prusse était rassurée de ce côté, et cette assurance ne pouvait lui venir que de la France.

La France avait donc promis sa neutralité. Dans ce cas, elle a bien fait de tenir sa parole et de ne point agir.

Mais comment la France (pour ne pas dire le gouvernement) n'avait-elle pas fixé le prix de l'immense service qu'elle rendait, par là, à la Prusse?

Avait-elle manqué de prévoir que derrière M. de Bismark allait se trouver le peuple allemand, que l'un ne pourrait rien sans l'autre, et que ce grand ministre serait sans doute mal disposé à perdre la popularité qu'il allait acheter à si haut prix?

Si à M. de Bismark, répondant que le peuple allemand, duquel il ne pouvait déjà plus se distinguer, ne consentait pas à l'abandon du Rhin,

Napoléon III avait répliqué que le peuple français, qu'il avait consulté, ne garantissait aucune neutralité, les choses auraient pris un tour bien différent, et si même, après l'événement qui a été une surprise, le gouvernement français avait déclaré qu'il ne séparait pas sa cause de celle de la nation, que la nation voulait la guerre, et que si lui, Bismark, pour ne pas se séparer de son pays, se refusait à céder le Rhin, lui, Napoléon, dans le même but, allait le forcer sur le champ de bataille; nous n'aurions pas assisté, avec amertume et avec regret, aux scandaleux et faciles triomphes de nos voisins.

Si des ministres ici ont éprouvé des *angoisses patriotiques*, ce qui nous reste à nous, c'est une une amertume patriotique.

N'étant ni dans la confidence des rois, ni même dans le secret des ambassades, comment l'historien, comment le critique pourraient-ils apprécier les événements s'ils ne trouvaient dans leur nature, dans leur succession, dans l'étude de leur rapport et de toutes les conditions dans lesquelles ils se sont produits, les causes qui les ont déterminés?

Pour nous, il est avéré que la Prusse avait fait, à la France, une promesse qu'elle n'a point tenue.

Faut-il en accuser le gouvernement d'impéritie et même de naïveté?

Nous sommes encore trop près des faits pour les bien juger. En histoire, c'est une condition de saine appréciation que d'être à distance des événements. La vue historique est nécessairement une vue presbyte.

Toutefois, c'est ici qu'il devient évident que la politique prussienne a fait échec à la politique française.

Tant qu'il subsistera des états despotiques en Europe, il n'existera point de politique européenne.

La politique est une science ou elle n'est rien.

Si elle est une science, elle a sa philosophie, sa morale, ses lois, et ne doit point consister dans l'accord ou le conflit des volontés des princes.

Or, la politique n'a encore ni pholosophie, ni morale, ni lois.

Ce qui le prouverait; ce seraient bien les événements de 1866!

Mais le despotisme peut avoir sa logique : sous ce rapport le despotisme prussien semble irréprochable, et à lui reste l'avantage; car la politique française est pleine de contradictions et d'équivoques.

On peut donc conjecturer la conduite que tiendra M. de Bismark, et affirmer, par exemple, dès à présent, qu'ayant ébauché l'unité allemande, il désire l'accomplir et qu'ayant besoin de paix pour cela, il fera tous ses efforts pour que la paix ne soit point troublée.

Conjecturer la conduite de notre gouvernement est un avantage que sa neutralité indéfiniment attentive ne nous a point laissé; et c'est tout au plus s'il nous est permis aujourd'hui de lui conseiller de garder cette sainte et inoffensive attitude.

Ne détournons donc point les yeux de l'Allemagne puisqu'elle seule présente quelque appui à nos raisonnements, et voyons si la logique des despotes s'accorde avec la nécessité des résultats de leurs conquêtes.

Les peuples, comme les corps, ont aussi leurs lois physiques et leurs lois chimiques ; l'histoire formule leurs lois générales d'attraction et de répulsion, de statique et de dynamique, la politique leurs lois particulières d'affinité, de combinaison, de cohésion.

Les peuples ont leurs lois de Gay-Lussac et de Berthollet.

Les différentes nationalités allemandes tendent à se combiner, dans un rapport simple, sous l'action de la force unitaire.

Ce rapport simple, dans les données de la politique, c'est la confédération.

Aussi l'Allemagne nouvelle ne saurait-elle y échapper et son unité est-elle destinée à s'y condenser avec toute l'énergie de sa vitalité, dans un temps que les événements de l'Europe rendront eux-mêmes prochain ou éloigné.

L'Allemagne est divisée aujourd'hui par deux courants opposés.

L'un part de la Prusse pour absorber l'Allemagne, l'autre part du sein de l'Allemagne pour absorber et la Prusse et les différentes nationalités ou états, appelés à se fondre dans une nationalité commune.

Comment l'Allemagne est-elle partagée aujourd'hui?

Il y a la Confédération du Nord, il y a la Confédération du Sud, il y a la Prusse, il y a enfin l'Autriche qui comprend de 5 à 7 millions de Germains. Ce sont là tous les éléments allemands de l'association desquels pourrait sortir l'Allemagne.

Mais comment ces éléments tendent-ils à s'associer?

La Confédération du Nord, formée par la Prusse, a été absorbée par elle : elle tend à s'en détacher.

La Confédération du Sud, dont la Prusse s'est assuré le commandement militaire, inquiète de son isolement, agitée par sa tendance unitaire, aspire à se réunir à la Confédération du Nord où elle voit la véritable représentation de l'Allemagne.

Il peut donc arriver un moment où d'un côté la Confédération du Nord étant parvenue à se détacher de la Prusse, et de l'autre côté, la Confédération du Sud étant parvenue à se réunir à celle du Nord, la Prusse se trouvera isolée et amoindrie.

Mais ce n'est là qu'une hypothèse.

Comme ce que la Prusse a conquis et organisé, elle ne saurait consentir à l'abandonner, la Confédération du Nord ne saurait se détacher d'elle.

Il n'y a qu'une action commune des deux Confédérations, sous l'effervescence de la passion unitaire de tous les éléments allemands, qui, en absorbant la Prusse, puisse fonder la patrie allemande.

Car, en réalité, il ne peut exister aujourd'hui, au centre de l'Europe, entre la Russie et la

France que deux nations : l'Autriche au midi, l'Allemagne au nord.

1° L'Autriche : confédération d'états tschèques, slaves, hongrois, fortement organisée avec ou sans portion allemande ; et jusqu'ici je ne vois pas comment les 5 ou 7 millions d'Allemands que comprend l'Autriche passeraient à la nouvelle patrie. Si l'Autriche sait être libérale, comme elle y paraît portée, et si elle accomplit pacifiquement son mouvement fédératif, elle s'attachera pendant longtemps encore sa population allemande.

2° L'Allemagne unifiée aujourd'hui sous la suprématie de la Prusse, demain transformée en une vaste confédération d'états indépendants.

Voilà ce que les événements de 1866 ont rendu inévitable (1).

(1) Il faut remarquer toutefois que l'Autriche est aujourd'hui, de tous les états de l'Europe, celui auquel le principe des nationalités cause le plus d'embarras. Peut-être même les révolutions passionnées, que ce principe appelle partout à sa suite,

Maintenant on me dit que la Prusse, puissance active et forte, absorbera les états allemands.

A ceux qui font cette objection, nous allons essayer de répondre.

De bonne foi, croyez-vous que les résistances

finiront-elles par dissoudre cette fédération de peuples divers, qui s'appelle l'empire d'Autriche. Les Tschèques bohêmes et les Slaves révoltés, en ce moment, contre les Allemands doivent causer de l'inquiétude au gouvernement autrichien et à l'Europe elle-même. Tout en respectant beaucoup les aspirations des Slaves, nous osons affirmer que s'ils réfléchissaient quelque peu sur leur situation et leur véritable intérêt, ils reconnaîtraient que leur conduite actuelle fait bien plutôt les affaires de la Russie que les leurs propres.

Quoi qu'il en soit des prétendus droits de certaines nationalités plus ou moins bien définies, nous considérons l'existence, au centre de l'Europe, d'un état fédéral, slave ou allemand, comme indispensable à la paix du monde.

(Lire sur l'*état autrichien* la remarquable brochure de M. Louis Léger, à qui nous regrettons de ne pouvoir adressèr que cette dernière phrase en réponse.)

dans le Nord n'aient pas été très réelles, croyez-vous qu'une autre politique que celle du ministre prussien aurait pu en triompher?

Croyez-vous que le Hanovre, que Francfort soient soumis?

Écoutez à ce propos l'auteur anonyme d'un remarquable article de la *Revue des Deux Mondes* (1) : « La position actuelle de l'Allemagne a satisfait l'amour-propre national. « Une fois cette position acquise, on ne voit « point la nécessité de sacrifier les traditions et « les institutions locales, les intérêts particuliers « à l'uniformité du système prussien. Ceux donc « qui ont le plus ardemment souhaité l'hégémonie prussienne trouvent aujourd'hui qu'il est « temps de s'arrêter dans cette voie, et l'annexion pure et simple à la Prusse compte « moins de partisans dans les petits états, depuis que ceux-ci de gré ou de force sont entrés « dans la Confédération du Nord. Leurs capi-

(1) *L'Allemagne nouvelle*, 1er août 1867.

« tales savent toutes ce qu'elles perdraient à « devenir des sous-préfectures prussiennes. Les « universités elle-mêmes, qui ont toujours été les « principaux foyers de l'idée unitaire, ne veulent « pas baisser pavillon devant Berlin. Dans les « petites armées vous trouverez contre l'armée « prussienne des sentiments, soit de rancune, « soit de jalousie.

« Enfin le nombreux personnel des adminis- « trations sait très bien que le résultat de l'an- « nexion serait de l'éloigner de ses foyers pour « n'occuper que des places inférieures et laisser « partout les plus élevées aux fonctionnaires « d'origine prussienne. »

Tout cela est d'une vérité indiscutable. Autant l'unité cause d'attraction aux petits états, autant le despotisme leur cause de répulsion.

L'Allemagne veut être unie; mais elle veut être libre.

Telles sont donc les causes qui tendent à détacher la Confédération du Nord du lien de la Prusse.

Quant au Sud, dans son isolement, il cherche son centre politique et industriel en dehors de Munich, de Stuttgart ou de Carlsrhue, et c'est vers le Nord qu'il penche.

La Prusse, d'abord absolutiste, est devenue un moment libérale et ce n'est qu'alors qu'elle a ébauché l'unité, d'où il suit que c'est encore par la liberté que l'unité s'est essayée : car après la conquête, la Prusse, pour ne point se perdre, a dû donner satisfaction aux aspirations des peuples confédérés.

Elle l'a fait avec réserve, je le veux bien, toujours est-il qu'elle l'a fait.

Que la Prusse, après avoir repris ses forces, redevienne absolutiste, qu'elle se pique d'être une puissance militaire de premier ordre et qu'elle s'endorme dans ses casernes, elle est perdue.

Il n'y a qu'une chance pour la Prusse d'absorber l'Allemagne, c'est d'être plus libérale qu'elle.

Or, être plus libéral que les libéraux allemands est difficile, et le gouvernement prussien, particulièrement, y aura de la peine.

Si bien qu'il y a, somme toute, beaucoup plus de chance pour que l'Allemagne absorbe la Prusse que pour que la Prusse absorbe l'Allemagne. — Voilà ma réponse.

Aujourd'hui l'absorption de l'Allemagne par la Prusse aurait pour effet l'établissement et la perpétration du césarisme en Europe.

Mais le progrès est à la démocratie et le dernier triomphe de la force dans la liberté.

L'œuvre de M. de Bismarck est précaire.

Il va suffire que la France obtienne la liberté pour que cette œuvre soit renversée.

Que si encore l'Allemagne absorbe la Prusse, et on voit combien a de chances ce résultat, l'Allemagne unifiée ne saurait se constituer que sous la forme d'une confédération.

Or, qu'est-ce qui a renversé, par exemple, l'empire du Mexique? C'est avant tout le souffle fédéraliste des États-Unis.

Vienne le temps où l'esprit public en Europe aura tourné au fédéralisme, et l'Allemagne repentante, ayant conquis l'unité, n'aspirant plus qu'à la possession de la liberté, ne verra le salut de la patrie que dans une reconstitution de la Confédération. « Je soutiens que l'Allemagne est fédérale. » disait M. Thiers.

Et, en effet, sa géographie, son ethnographie, son esprit national, son histoire, sa politique : tout l'affirme.

Ce qui était désirable en Allemagne, ce qui paraissait conforme à la fois et aux intérêts allemands et aux intérêts français, tout en s'accordant parfaitement avec la satisfaction des aspirations locales et le bonheur des populations dans les petits états : c'était un remaniement de la Confédération germanique.

La Prusse au nord, l'Autriche au sud, la confédération des petits états au centre : voilà quel était le partage naturel de ce qu'on appelle communément l'Allemagne, partage indiqué par l'histoire et la politique, aussi bien que par la géographie et l'ethnographie.

La Prusse réorganisée serait devenue la nation la plus libérale du continent. Admettez sa prétention à certaines rectifications de frontières ; à ce prix vous l'auriez complétement détachée de la Confédération, comme est aujourd'hui l'Autriche.

L'Autriche, qui depuis le couronnement de l'empereur François-Joseph à Pesth, c'est à dire depuis la réforme en Hongrie et les nouveaux projets de lois très libéraux présentés au Reischrath, redevient prospère, aurait présenté, sous le régime de l'union personnelle, une fédération indissoluble et nullement menaçante pour les autres états allemands.

Quant à la Confédération du centre, elle aurait, pour ainsi dire, tenu la balance entre la Prusse et le reste de l'Allemagne.

La Prusse, rendue libre, ne fût devenue, à son tour, menaçante pour personne et, dans tous les cas, si elle se fût montrée envahissante, elle eût trouvé la barrière infranchissable de la Confédération.

Que si maintenant l'on m'objecte que le sentiment unitaire ne se serait point accommodé de cet arrangement, qu'il lui aurait fallu une seule Allemagne du nord au sud, de la Baltique à l'Adriatique, une Allemagne unique comprenant tous les états germains avec la Prusse et avec une partie de l'Autriche, que sa satisfaction n'est qu'à ce prix; qu'il ne peut tenir compte des nationalités qui doivent s'effacer devant lui, que petits ou grands états qui résisteront, il les forcera, qu'il veut avant tout une patrie ; je dis que ce sentiment unitaire bouleversera l'Europe et qu'il appartient aux nations jalouses de la paix et de leur indépendance de lui faire entendre raison, dès aujourd'hui, en lui fixant ses limites.

Puisque la Prusse et l'Autriche se trouvaient en désaccord et en conflit, au sein de la diète germanique, le mieux eût été qu'elles en sortissent et laissassent cette sage Confédération traiter ses affaires à sa manière.

Si l'on eût voulu resserrer les liens, non pas de confraternité mais d'intérêt, déjà formés depuis si longtemps, et que je considère comme indestructibles, entre les petits états, le véritable moyen était de les abandonner à eux-mêmes, et la Prusse, se détachant en même temps que l'Autriche du sein de la Confédération, eût assuré ce résultat.

Chimère, dites-vous, la Prusse aurait toujours trop fortement penché du côté de la Confédération, elle aurait trop perdu à une séparation pour en donner l'exemple à l'Autriche : l'Autriche seule, ayant son centre et ses intérêts en dehors de la Confédération, eût donné le signal du dévoûment et, comme elle l'a fait en Danemark, elle se fût retirée la première.

Je crois que si l'Autriche eût montré cette sagesse, il eût été bien difficile à la Prusse de faire valoir ses raisons de ne point imiter un si prudent exemple, et je suis assuré que pour peu que l'Europe y eût vu la condition et la garantie de la paix, elle eût promptement amené la Prusse à se déterminer.

Dans tous les cas, je le demande, quelle objection aurait-on trouvée à une réorganisation de la Confédération, la Prusse et l'Autriche s'étant détachées d'elle et devant vivre désormais isolées. Qui eût même empêché qu'on n'abandonnât complétement l'ancienne forme fédérative avec diète pour adopter la forme suisse, avec congrès ou tout autre système mieux conformé aux institutions et au caractère du peuple allemand?

N'y aurait-il pas eu, d'ailleurs, dans l'association fédérative d'environ vingt millions d'Allemands, de quoi satisfaire le sentiment unitaire, si exagéré qu'il aurait été?

C'était à la diplomatie de tracer les voies et moyens et de proposer les transactions les plus acceptables.

Au lieu de cet arrangement qui, tout en maintenant au fond l'ordre des choses établi, aurait donné ouverture à un grand nombre d'importantes réformes, la plupart appelées à satisfaire aux aspirations nationales et à raffermir la paix, vous avez laissé s'accomplir une guerre fratricide qui menace aujourd'hui tous les peuples, et le problème se poser nettement dans ces termes rigoureux : « Absorption de l'Allemagne par la Prusse ou absorption de la Prusse par l'Allemagne. » Ce qui veut dire guerre, guerre et extermination.

Que si vous n'avez rien pu faire en 1866, vous pouviez au moins empêcher la guerre et retarder l'établissement de l'unité, jusqu'à un temps où l'état politique des peuples de l'Europe l'eût certainement permis dans des conditions plus humaines et plus honorables.

Mais nous n'en avons point fini avec l'Allemagne et elle n'a point cessé, à son tour (je pense encore à l'Italie), d'occuper le monde.

CHAPITRE VI

DE LA QUESTION DU LUXEMBOURG : — TROISIÈME CONSÉQUENCE DU PRINCIPE DES NATIONALITÉS.

Ce n'était pas assez des événements de 1866, et le canon de Sadowa grondait encore, que la question du Luxembourg était inopinément soulevée.

Cette petite question a failli enflammer l'Europe.

Toujours appuyé sur le principe des nationalités et faisant de ce principe une application encore inconnue, le gouvernement français avait cru pouvoir négocier simplement de l'achat du grand-duché de Luxembourg. Mais tandis que cette opération toute d'échange se trafiquait dans l'ombre et le silence, voici que le vendeur, cédant à je ne sais quelle crainte chimérique, s'empresse d'avertir secrètement la Prusse de ce qui va se passer.

Celle-ci entre tout à coup en grande fureur et elle se sent dès lors un attachement plein de justice pour le pays qu'elle aurait abandonné sans résistance quelque temps avant.

Le 21 mars 1867, le ministre des affaires étrangères, M. de Moustier, écrit au ministre de France à la Haye.

..... « Il me reste à vous parler de la marche
« à suivre vis-à-vis du gouvernement prussien.
« Nous croyons que le grand-duc a le droit absolu
« de disposer du Luxembourg avec l'assentiment
« des populations ; et nous avons incontestable-
« ment celui de faire cette acquisition dans les
« mêmes conditions. Mais nous avons, tout au-
« tant que le roi des Pays-Bas, la volonté sincère
« de nous maintenir en bons rapports avec la
« cour de Berlin ; et il n'est pas possible de ne
« tenir aucun compte de l'existence en fait d'une

« garnison prussienne bien que ce fait ne s'ap-
« puie plus aujourd'hui sur aucun droit.

« Le roi dites-vous, s'attache fortement à
« l'idée de déclarer préalablement à la Prusse
« son intention de nous céder le Grand-Duché.
« Nous n'avons certainement aucune objection
« personnelle à ce que le cabinet de Berlin soit
« instruit de ces pourparlers ; mais nous désirons
« qu'il le soit par nous. Un examen attentif de
« la question démontrera, je l'espère, au roi,
« que malgré son désir naturel de prendre l'ini-
« tiative de cette confidence, il importe qu'il
« nous laisse la direction exclusive et la respon-
« sabilité de cette négociation. »

Cependant le cabinet néerlandais prend l'initiative de la confidence.

Le 28 mars 1867, le prince de La Tour d'Auvergne, ambassadeur de France à Londres, écrit à notre ministre des affaires étrangères.

« Lord Stanley m'a dit, ce matin, qu'il savait
« de bonne source que nous avions adressé direc-
« tement au cabinet de La Haye une demande de

« cession à la France, moyennant indemnité « pécuniaire, du territoire et de la forteresse « de Luxembourg, etc. »

A son tour, le ministre des affaires étrangères, dans une dépêche, en date du 30 mars 1867, informe le ministre de France à La Haye de l'indiscrétion commise par Sa Majesté néerlandaise, et il ajoute : « Le ministre des Pays-« Bas à Berlin a reçu, de plus, pour instruction, « de proposer la signature d'une convention par « laquelle la Prusse, pour elle et tous les petits « états allemands, renonce à invoquer les rap-« ports qui ont existé pour le Luxembourg entre « les Pays-Bas et la Confédération germanique; « il doit en outre tâcher d'obtenir une pièce écrite, « dans laquelle M. de Bismark reconnaîtrait « qu'il n'existe entre la Hollande et le Luxem-« bourg aucune solidarité.

« Tout cela me paraît prématuré et regret-« table.

« Il en résulte qu'une négociation délicate, « dont nous devions avec raison garder tous les

« fils entre nos mains, et à laquelle nous voulions « conserver, tant que cela est nécessaire, un ca-« ractère confidentiel, vient d'être ouverte offi-« ciellement sans nous et en dehors de nous. »

« Je souhaite qu'il n'en sorte aucun fâcheux « incident. »

Je ne veux point prendre à tâche de reproduire toutes les dépêches écrites ou échangées sur cette question.

En voilà assez pour prouver et la volonté de la France de négocier secrètement de l'achat du Luxembourg et l'indiscrétion malencontreuse du gouvernement hollandais. Quant à l'irritation qui s'ensuivit, à Berlin, elle fut grande et on se rappelle, à ce propos, l'interpellation Beningsen et la réponse qui lui fut faite par le comte de Bismark.

Pendant quelque temps, en Prusse et en France, on crut fermement à un conflit.

Ce ne fut qu'après beaucoup de pourparlers et grâce à la patiente fermeté de lord Stanley que les puissances signataires du traité du 19 avril

1839 furent appelées à se réunir en conférence à Londres.

Le 11 mai, un traité de paix y fut signé.

Il établissait la neutralité du Grand-Duché.

Il stipulait l'évacuation de la forteresse par les troupes prussiennes ; et enfin la radiation de la forteresse.

Avant que les documents diplomatiques eussent été publiés, les choses n'apparaissaient pas aussi simples.

On pouvait supposer, ou que le gouvernement français voulait soulever un cas de guerre, ou qu'il voulait sincèrement la simple acquisition du Grand-Duché.

Remarquons d'abord qu'il a échoué à ces deux points de vue : car s'il voulait la guerre, la paix lui a été imposée, et ayant entamé l'acquisition du Grand-Duché, il n'a pu la réaliser.

Le principe de non-intervention, en premier lieu, a été violé; et cette fois surtout le gouvernement aurait dû le respecter.

En effet, est-ce que l'occupation de la forteresse du Luxembourg par les Prussiens était l'affaire de la France ou celle du roi grand-duc?

Est-ce qu'il n'appartenait pas au roi grand-duc avant tout autre, si l'occupation devenue contraire à toute espèce de droit, d'une ville relevant de sa couronne, lui semblait un fait intolérable, de le faire savoir à la Prusse qui, sans doute, se serait empressée de lui donner satisfaction?

Le gouvernement français, au moment où la question dont nous parlons a été soulevée, n'était pas plus fondé en droit à traiter de l'acquisition du Luxembourg avec le roi grand-duc, que de celle de Mayence avec le duc de Hesse ou de celle de Rastadt avec le grand-duc de Bade.

Ayant eu le choix, il a préféré l'acquisition du Luxembourg :

Serait-ce qu'il y voyait, plus qu'ailleurs, des garanties de succès pour lui et un gage de paix pour le monde?

Quant au principe des nationalités, il a été si malheureux, dans cette question, que je trouve généreux de faire grâce à sa nouvelle infortune.

Il suffit de rappeler que, bien que mis en avant une fois de plus par le gouvernement français, il s'est abîmé si profondément dans le gouffre des sophismes politiques, qu'on croit qu'il ne se relèvera plus de cette dernière chute.

Ce qui me fait supposer que le gouvernement voulait soulever un cas ce guerre, c'est l'étude attentive que j'ai faite des dépêches. Personne ne sera surpris si je déclare que j'y ai trouvé une suite, une politique beaucoup plus propre à amener la guerre qu'à l'éviter.

Comment, en effet, le gouvernement français s'avise-t-il de négocier l'acquisition d'un pays occupé militairement par une puissance qui s'appelle la Prusse?

J'insiste sur ces derniers mots; car cette puissance ne se serait pas appelée la Prusse, la faute n'aurait sans doute pas eu de si graves conséquences.

Comment va-t-il jusqu'à espérer que ces ouvertures, ces dépêches, ces trafics, que tout cela demeurera secret?

Comment ne prévoit-il pas que si ce secret n'est pas gardé, il risque de se brouiller avec celui qu'il tient avec soin dans l'ignorance?

N'a-t-on pas vu le roi de Hollande, saisi d'une crainte bien légitime, et qui est celle d'un prince auquel la sagesse vient un peu tard, courir à Berlin livrer un secret qui lui pesait?

Est-ce que cette conduite n'indique pas, tout au moins, combien ce roi, peu diplomate, redoutait les suites de ce qu'il considérait comme une imprévoyance?

Je dis que si l'on voulait l'acquisition pure et simple du Luxembourg, il fallait commencer par s'assurer l'assentiment de la Prusse et obtenir d'elle, préalablement, qu'elle évacuât la forteresse.

Alors on se serait adressé au roi grand-duc, et la Prusse, retirée, désintéressée, n'aurait plus possédé aucun droit à intervenir et n'aurait soulevé aucune objection.

Au lieu de cela, au lieu de ménager la juste susceptibilité d'une puissance fière de sa force et éblouie par de récents succès, on agit, sans souci de ce qu'elle regarde comme son honneur et sa dignité.

Je ne sais quel était le but de la France dans cette affaire ; mais qu'il me soit permis de dire que si elle ne voulait pas la guerre, elle a tout fait, tout, pour la rendre inévitable.

Je voudrais examiner maintenant le rôle qu'a joué le principe des nationalités dans cette question.

D'abord, on avait eu soin de mettre en avant cette théorie que les Luxembourgeois pouvaient disposer de leur sort, si le roi grand-duc leur laissait cette liberté ; et c'est encore la croyance répandue aujourd'hui que les Luxembourgeois, ne voulant pas entrer dans la Confédération du Nord, c'est du côté de la France qu'étaient tournées leurs sympathies et en sa faveur que se prononçait leur vœu national.

Au moment où cette opinion, vraie alors,

s'accréditait, l'incident que l'on connaît s'élevait entre la France et la Prusse.

Dès lors, au lieu de faire l'application du principe des nationalités qu'on espérait, on dut abandonner tout projet d'acquisition, et comme cette concession de la France avait pour conséquence et pour condition nécessaires, soit la neutralisation du grand-duché, soit son simple retour à la Hollande après l'évacuation de la forteresse par les Prussiens, le principe des natiolités paralysé dans son action, les malheureux Luxembourgeois se trouvèrent, par le fait même et tout à coup, dépossédés du droit de disposer librement de leur sort.

Le traité du 11 mai vint consacrer cette situation, que la logique des événements imposait à l'esprit des diplomates comme l'unique solution du problème.

Qu'en est-il resulté?

C'est que le principe des nationalités a dû compter parmi les peuples une victime de plus; c'est que le droit des Luxembourgeois a été injustement sacrifié, après avoir été inutilement proclamé et mis en avant par la politique française, dans un but aujourd'hui connu.

En neutralisant le grand-duché de Luxembourg, en isolant cette population impuissante à se soutenir elle-même et dont toutes les forces ont besoin d'un point d'appui et d'un centre d'action, on a créé pour plusieurs milliers d'hommes une situation insoutenable.

Est-ce qu'en isolant les Luxembourgeois, on ne les a pas frustrés du droit de disposer d'eux-mêmes? Est-ce que demain, s'ils le décidaient, ils pourraient revenir à la Hollande ou se rattacher à la France?

Pas le moins du monde.

Où donc les rois, s'ils trouvent la justification de leurs actions, même les plus coupables, dans de vieilles lois qui n'ont plus rien d'humain que l'ignorance et la tolérance des peuples, puisent-ils ainsi le droit de disposer, suivant leur gré et pour l'apaisement de leurs convoitises mutuelles, de l'existence des nations?

Est-ce que le droit international tout entier ne reposerait que sur le droit de la force?

Si, pour éviter les violences de la force, le cœur ému des princes renvoie le jugement des causes nationales devant le tribunal pacifique des puissances solennellement assemblées; et si, égarés par l'intérêt ou par la crainte, dans un amour de la paix aveugle jusqu'à l'injustice, ces grands juges rendent des arrêts qui sont le triomphe insolent de la force, mille fois mieux vaut la guerre, ce jugement de Dieu qui, s'il comprend ses horreurs et ses tristesses, possède aussi ses hasards heureux.

A cette heure, le Luxembourg a payé le prix du maintien de la paix pour toute l'Europe.

CHAPITRE VII

DE QUELQUES PRINCIPES DE DROIT DES GENS ET DE POLITIQUE A L'OCCASION DE LA QUESTION DU LUXEMBOURG.

Puisque cette question du Luxembourg a été et pourrait être encore, à cette heure même, la cause d'une guerre de plus en plus improbable, entre la France et la Prusse, en même temps qu'elle a été le point de départ d'une nouvelle politique pour la France à l'égard de l'Allemagne, envisageons cette question sous toutes ses faces et plaçons-nous, un moment, au point de vue de ceux qui voyaient alors un motif de guerre dans tous les faits qui lui sont relatifs.

On disait que l'occupation de la forteresse de Luxembourg par les troupes prussiennes était une menace contre la France.

On disait aussi que la Prusse armait. C'est ce que l'Autriche et la Prusse se reprochaient mutuellement en 1866 avant d'en venir aux mains.

Je commence par déclarer que si le roi de Hollande, grand-duc de Luxembourg, avait voulu supporter plus longtemps l'occupation de la forteresse, la France n'aurait trouvé nulle part le droit de réclamer contre cette situation, pas plus qu'elle ne cherche ni ne trouve aujourd'hui le droit et l'occasion de réclamer contre l'occupation de Mayence et de Rastadt.

Sans doute, la question du Luxembourg n'eût pas été soulevée si la forteresse eût été gardée par des troupes nationales.

Mais la question ici était compliquée d'une interprétation de traités à l'examen desquels, il faut le dire, le droit d'occupation de la Prusse n'a pu survivre.

Or, dans l'état actuel du droit des gens en Europe, il n'est pas possible de contester à un état le droit qu'il a d'élever et de maintenir telle forteresse qui lui plaît, aussi bien que celui d'armer pour sa défense.

« C'est ainsi, dit de Martens, dont l'opinion « fait autorité, que tout état souverain est en « droit de faire chez lui tous les préparatifs que « sa sûreté extérieure peut exiger, soit pour se « défendre contre l'agresseur, soit pour prévenir « le coup dont il est menacé; par conséquent « de construire ou de rétablir autant de forte- « resses qu'il le juge à propos, soit dans l'inté- « rieur du pays, soit sur les frontières, d'aug- « menter à son gré le nombre de ses troupes, « de ses vaisseaux de guerre, etc..., de conclure « autant de traités d'alliance ou de subsides « qu'il le juge convenable, sans en rendre compte « à personne, tant que sur ces points il ne s'est « pas lié par des traités. »

Et de Martens cite comme exemples :

« 1° Le traité de Bade entre l'empire et la

France de 1713, art. 23-27; — 2° le traité entre la France et la Grande Bretagne au sujet de Dunkerque de 1713, 1748, 1763, annulé sur ce point en 1783; — 3° le traité de Gênes avec la France de 1658, art. 4; — 4° le traité de Lunéville de 1801, art. 6. »

En me plaçant en présence des principes contenus dans cette question et du traité qui l'a résolue, je conclus de tout ceci :

1° Que l'existence de la forteresse de Luxembourg était en elle-même un fait parfaitement conforme au droit des gens moderne, partant qu'il ne pouvait constituer pour la France, à l'égard du gouvernement de Luxembourg, aucun droit;

2° Que l'occupation de la forteresse par des troupes nationales rendait toute contestation impossible, partant que l'article 5, du traité du 11 mai 1867, relatif à la conversion de la place forte en ville ouverte, était tout au moins inutile;

3° Que le droit de la Prusse à l'occupation de

la forteresse était seule contestable, les traités antérieurs, notamment ceux de 1815 et de 1839 lui étant contraires, aussi bien que la volonté du roi grand-duc;

4° Que le fait de l'occupation prussienne ne renfermait en lui-même aucune menace, la question étant originairement à décider entre le cabinet de La Haye et celui de Berlin;

5° Que la négociation d'acquisition seule a tout à coup rendu la forteresse menaçante, puisqu'elle a été rasée, le droit de la Prusse injuste, puisqu'il a été infirmé et nos prétentions sans fondement, puisque nous avons dû y renoncer;

6° Enfin que la Prusse, à part soi, avait le droit d'armer jusqu'à l'épuisement de ses trésors, si bon lui semblait.

Cela résulte de l'examen des faits, cela résulte aussi de l'application du droit des gens à la question.

J'ai cité l'opinion de Martens, je pourrais citer celle de Grotius, plus autorisé encore.

Elle est peut-être plus absolue que la première.

Si la France voulait faire la guerre à la Prusse, si elle voulait répondre à ses armements par des armements plus menaçants, s'opposer à ses conquêtes, limiter ses envahissements, était-ce dans la question du Luxembourg, si elle l'y a cherché, qu'elle devait en trouver le prétexte ou la raison?

Ne disait-on pas aussi que la France ne pouvait souffrir l'agrandissement de la Prusse?

Sans doute une nation a le droit de s'agrandir, mais ce droit possède nécessairement des limites.

« Entre des puissances voisines, dit encore de « Martens, ou du moins habitant une même « partie du globe, il est des cas où les forces « disproportionnées que l'une d'entre elles vou- « drait acquérir ne seraient plus compatibles « avec la vraie indépendance des autres et les « menaceraient d'une sujétion formelle ou réelle « par l'abus de la supériorité des forces, auquel

« il ne serait plus temps de remédier un jour en « recourant au moyen incertain d'une ligue de « plusieurs états dont aucun ne suffirait seul « pour servir de contre-poids. C'est pourquoi il « est des cas où la loi naturelle ne peut défendre « à de tels états de veiller au maintien d'un « équilibre entre eux et de s'opposer, de bonne « heure, fût-ce même les armes à la main, soit « seuls, soit réunis, tant à l'agrandissement dis- « proportionné de tel état, indépendamment « de sa légitimité, qu'à l'affaiblissement de tel « autre qui pourrait lui servir de contre- « poids... » Et de Martens conclut à la nécessité et au respect d'un système d'équilibre européen.

Était-ce là le cas de la Prusse? La Prusse avait-elle outrepassé le droit que possède une nation de s'agrandir sans blesser ou menacer le droit de son voisin?

Là était la question, et c'était au gouvernement français à la décider.

Mais écoutons une voix plus sonore.

Proudhon dans son livre intitulé *la Guerre et la Paix*, se pose cette question : *Si l'accroissement d'un état peut devenir pour les autres un motif de gûerre?*

Voici comment il y répond : « Cette question, « dit-il, est célèbre dans les fastes du droit des « gens. Grotius, qui le premier la souleva, et la « plupart des politiques se prononcent pour l'af- « firmative. Watel hésite, fait des façons, mais « comme un sot qui ne sait que dire, se range « à l'opinion de la majorité.

« Pin-heïro-Ferreira rejette cette doctrine, « mais sans motifs suffisants. Personne ne fait « cette réflexion si simple, indiquée par l'his- « toire, que l'état est un être organisé, une force « vivante dont la loi est de s'accroître constam- « ment, à moins qu'une force égale ou supé- « rieure ne l'arrête. Il est absurde d'incidenter « ici sur les causes de cet accroissement, si « elles sont honnêtes ou illicites, de parler « d'ambition, etc... Ces lieux communs sont de « pur bavardage. Tout état tend à s'accroître;

« en s'accroissant il menace la souveraineté de « ses voisins : voilà le principe.

« Tout état qui se sent menacé a par consé- « quent le droit, ou de chercher pour lui-même « une compensation, ou de s'opposer à l'accrois- « sement s'il peut : question de prévoyance et « d'opportunité, mais surtout question de force. »

« En fait, ce sont les progrès extraordinaires « d'une puissance qui amènent entre les nations « l'établissement de la politique d'équilibre : « c'est ainsi que la prépondérance de la maison « d'Autriche, sous Charles-Quint, a abouti à la « paix de Westphalie ; la suprématie de la mai- « son de Bourbon, sous Louis XIV, à la ligue « d'Augsbourg et à la paix d'Utrecht, la supré- « matie de l'empire français sous Napoléon Ier « à la paix de Vienne en 1814 et 1815.

« La même cause détermine ces innombrables « fusions et incorporations dont l'Europe a donné « le spectacle depuis quelques siècles. Ainsi les « états de la Confédération germanique ont été « réduits successivement du nombre de trois

« cents et plus, à celui de trente-huit, et tendent « à se réduire encore. Ainsi, vous voyez l'Italie « marcher vers son unité, ainsi la Belgique et la « Hollande, un moment divisées, se rapprochent « dans une alliance fraternelle. Pendant ce « temps, d'autres états se forment sur le Danube, « les Balkans, des débris de l'empire ottoman, « dont l'évolution paraît finie. Partout la force, « en se balançant elle-même, apparaît comme « l'organe et la sanction du droit. »

Qu'en conclure?

Que l'heure de l'expiation ou de la soumission n'a pas encore sonné pour la Prusse; qu'il faut attendre pour voir quel parti la Prusse tirera de ses victoires, que d'ailleurs il faut respecter le sentiment national allemand; que s'il existe un droit négatif en faveur de la France qui veut le respect de sa grandeur et de son indépendance, il existe un droit positif pour l'Allemagne, lequel veut le prompt accomplissement de son unité.

Pour nous, les questions de droit international que nous avons soulevées plus haut seraient singulièrement simplifiées, elles trouveraient même une solution toute préparée, si les états de l'Europe étaient transformés en autant de fédérations.

Alors tout ce qui divise les peuples les rapprocherait.

Pourquoi des forteresses, pourquoi des frontières, pourquoi des armées?

Les forteresses seraient rasées, les frontières seraient libres et toujours ouvertes, les armées seraient supprimées et les champs s'enrichiraient de leurs forces dispersées; tous les ouvrages militaires et guerriers qui sont la menace constante qu'un peuple adresse à un peuple voisin et qui s'opposent à leur franche amitié, à la liberté de l'un et de l'autre, à l'étendue de rapports que la communauté de leur race et de leur religion, de leurs mœurs et de leurs idées, la nature de leur commerce voudraient plus intimes, disparaîtraient devant la splendeur de la paix.

En vertu de ce principe que la fédération est, par excellence, la constitution de gouvernement conforme à l'état de paix, le peuple qui a adopté cette forme d'organisation se trouve presque assuré de garder la paix chez lui; et les états voisins sont, en réalité, parfaitement en sûreté parce qu'ils savent que les fédérations très puissantes pour la défensive, sont impuissantes pour l'offensive. (*Voy.*, chapitre III, les pages sur la fédération).

Quelle ne serait pas, en conséquence, l'assurance des états voisins ou circonvoisins s'ils étaient eux-mêmes des fédérations.

Tous puissants pour se défendre, tous impuissants à s'attaquer, la paix semblerait, au moins, une conséquence nécessaire de leur organisation intérieure et de leur situation respective, si elle n'était le résultat du progrès le plus fécond de la civilisation et des plus belles conquêtes de l'esprit moderne.

Lorsque j'essaie d'embrasser l'avenir dans ma pensée et que, jetant les yeux sur l'Europe, je m'efforce de réveiller ma mémoire pour y résumer et rendre vivant un instant le passé historique des peuples et des nations qui la composent, j'entrevois le jour heureux où tous seront réunis dans une communauté d'intérêt, d'idée et d'action. Je me réjouis que la loi historique du développement des peuples de l'Europe ait fait de l'avénement des fédérations un progrès nécessaire.

J'aperçois partout, au lieu de la guerre la paix, au lieu de l'esclavage la liberté, au lieu de la rivalité la réciprocité, au lieu du dénigrement et de l'envie, le respect de la vérité et de la justice; c'est un temps réellement humain, un temps de justice, un temps d'amour et de concorde, temps prochain si les hommes voulaient réunir leurs efforts et si la sagesse avait pu déjà affranchir leur raison.

Mais, hélas! s'il n'y a pas de petits progrès, il n'y a pas non plus de progrès rapides!

J'ai dit que l'idée de fédération était adéquate à l'idée de paix.

Appliquons directement ce principe à la question politique qui domine cette discussion.

Est-ce que, si le pacte fédéral allemand n'avait pas été déchiré, il aurait pu se produire *une question du Luxembourg?*

Assurément, non, puisqu'au temps de l'existence de la Confédération germanique, la Prusse avait non seulement le droit, mais aussi le devoir d'occuper la forteresse; et que ce n'est précisément que de la contestation de ce droit, emporté par le fait de la dissolution de la Confédération, qu'est née la question du Luxembourg.

Alors que la forteresse était occupée par les troupes prussiennes, la situation internationale de cet établissement militaire était la même que la situation indiquée précédemment (§ 6°), c'est à dire la même que si la forteresse eût été occupée par des troupes nationales.

Est-ce que si le pacte fédéral allemand n'avait pas été déchiré, la négociation de l'acquisition du Luxembourg eût été possible?

Oserait-on le croire?

Non; c'est certainement un effet du système des monarchies despotiques que deux princes puissent ainsi trafiquer des états qu'ils gouvernent, toucher le prix de leurs concessions et méconnaître le droit des nationalités et la plus simple liberté de l'homme, celle de disposer de sa personne.

Je soutiens qu'à tout le moins, le trafic des territoires et la traite des peuples ne sont point le fait des fédérations.

On le voit donc déjà, l'organisation fédérative de l'Europe donnerait les plus sûres garanties de paix et de justice. Si elle était réalisée, on peut dire que tout le vieil édifice du droit des gens s'écroulerait pour faire place au code le plus simple, à un code qui se réduirait à quelques règles de police internationale.

« Rien n'empêche d'imaginer, dit de Mar-
« tens (1), qu'un plus grand nombre d'états, que
« même, par exemple, tous les états de l'Europe

(1) Idée qu'on doit se former du droit des gens général

« s'accordent à mieux fixer leurs droits réci-
« proques par des conventions générales et même
« à se fédéraliser pour se les garantir. Alors il y
« y aurait un code de droit des gens positif de
« l'Europe, fixe et obligatoire pour tous. »

J'engage le lecteur à méditer ces paroles.

En effet la paix ne sera établie d'une manière durable qu'alors que toutes les nations de l'Europe, liées par le même pacte, ne pourront plus avoir aucun intérêt à se diviser et qu'elles auront, au contraire, le plus grand intérêt à demeurer unies ; lorsque celle qui voudra attaquer sa voisine sera tenue en respect par toutes les autres, sachant qu'elle les trouvera coalisées contre elle au moindre mouvement; lorsque l'entente de deux ou de plusieurs nations ambitieuses sera devenue impossible, lorsque enfin l'action commune de toutes les nations fédéralisées sera devenue l'intérêt privé de chacune. Alors l'em-

et positif de l'Europe. — (De Martens), *Traité du droit des gens.*

barras de répondre aux questions de droit que nous avons soulevées serait bien diminué.

S'agirait-il de savoir jusqu'à quel point une nation a le droit de s'agrandir?

La question serait toute résolue ou plutôt elle n'aurait plus de sens dans un système de confédération européenne, car chaque état possédant les frontières qui auraient été déterminées par le pacte fédéral, et, ayant d'ailleurs ouverture chez son voisin, il ne saurait concevoir l'ambition de conquérir un territoire qui lui demeure toujours ouvert; et, fît-il cette folie, il serait condamné, par toutes les puissances fédérales coalisées, à dévorer son ambition dans la honte et dans le regret.

S'agirait-il de savoir si une nation, si un état a le droit illimité d'établir des forteresses à ses frontières?

Là où il n'y aurait point de frontières autres que des lignes de division, tantôt géographique, le plus souvent politique, que serviraient les forteresses?

Je dis des lignes de division tantôt géographique, le plus souvent politique.

Évidemment si l'Europe venait à être transformée en une vaste confédération, chaque état existant au moment de cette transformation, devrait conserver son autonomie; de plus, les uns posséderaient leurs frontières naturelles, c'est à dire qu'ils seraient séparés de leurs voisins par les mers et les montagnes que la nature a créées comme autant de divisions entre les peuples; les autres seraient limités par une ligne politique déterminée par l'assemblée fédérale.

On sait d'ailleurs que, pour notre part, nous voudrions, autant que les nécessités de la politique et les exigences de la paix le permettraient, que tous les pays fussent limités par leurs frontières naturelles; car nous considérons ce mode de délimitation comme un gage certain de paix parmi les peuples.

Ici cette considération perd de son importance, car il appert que les divisions établies entre états par l'assemblée constituante fédérale devraient être considérées comme justes et définitives. D'ailleurs nous reviendrons plus loin sur ces idées de frontières.

S'agirait-il maintenant de savoir si un état a le droit d'armer pour sa défense?

Question inutile. Avec la suppression des armées, plus de raison, plus de moyen d'attaque, nul besoin de défense.

Un point cependant serait dominant; à savoir : les droits qui pourraient appartenir à une nation sur la constitution de l'autre.

C'est une question que s'est aussi posée de Martens, et voici comment il y répond :

Après avoir reconnu le droit d'une nation à changer sa constitution *lorsqu'elle-même a sanctionné ce changement* : « Toutefois, dit-il, en « supposant que, sur ces différents points, la na- « tion soit d'accord avec elle-même, on doit « admettre qu'il existe des cas où les nations « étrangères pourraient s'opposer à de tels chan- « gements, soit comme contraires à des droits

« qui leur auraient été accordés à titre particu-
« lier, soit comme incompatibles avec leur pro-
« pre sûreté et leur conservation. »

C'est ainsi que les États-Unis n'ont jamais souffert auprès d'eux l'établissement d'une monarchie, et, disons-le en passant, c'est la force fédéraliste même de cette puissante démocratie qui a miné l'empire du Mexique.

Si les nations étrangères peuvent s'opposer, dans certains cas, à ce que leurs voisins modifient leur constitution, quel ne sera pas le droit des nations fédéralisées, à l'égard les unes des autres, ou à l'égard de toutes contre une seule ?

Il est de toute évidence que les constitutions de ces divers états fédéralisés sont une garantie collective; que si l'une d'elle vient à être modifiée, cette garantie en est atteinte.

Il sera donc nécessaire que toute modification à la constitution d'un état soit approuvée par l'assemblée fédérale, congrès ou diète, et que si cet état viole le pacte fédéral, où cette règle sera inscrite, qu'il soit forcé même par les armes de la respecter.

Je n'ai pas la prétention d'avoir examiné tous les points de droit international que comportent ces questions; mais j'ai montré, au moins, combien la solution des plus importantes présenterait de simplicité.

Faites maintenant que chaque état soit fédéralisé séparément, la force de l'institution poussera nécessairement tous les états à s'unir et à se protéger par un pacte commun.

Nous pouvons donc concevoir, en Europe, bien que cette vue paraisse encore aujourd'hui chimérique aux yeux de certains politiques, un système d'états fédéralisés indépendants.

CHAPITRE VIII

QUE L'IDÉE D'UNE CONFÉDÉRATION EUROPÉENNE RÉSOUD LE PROBLÈME DE L'ÉQUILIBRE EUROPÉEN.

L'idée d'un équilibre entre les différents états de l'Europe est très ancienne, bien que le principe ne s'en soit dégagé des guerres d'influence et de suprématie qui ont occupé et bouleversé l'Europe pendant des siècles, qu'au temps où fut signé le traité de Westphalie, en 1648.

Après la chute de l'empire romain, les états, imposants débris de ce merveilleux édifice, commencent entre eux la lutte, chacun aspirant pour lui-même à la domination universelle et s'efforçant de reconstituer le vieil empire que la civilisation, comprimée dans son sein, avait brisé pour prendre son essor dans le monde.

Cette lutte, qui a duré des siècles, commence entre les papes et l'Allemagne sous le nom de guerre entre le Sacerdoce et l'Empire.

La domination en Europe, arrachée à l'Italie par l'Autriche, lui est disputée par la France qui l'emporte enfin avec le secours des puissances du Nord.

A ce moment, la guerre de Trente ans accomplie, la paix semblait assurée au monde par le traité de Westphalie, lequel consacrait l'idée d'un équilibre entre les puissances qui s'étaient jusque-là disputé la domination du monde.

Mais on sait, que depuis, Louis XIV, et après lui, en France, Bonaparte ayant aspiré à la monarchie universelle, le premier fut conduit au traité de Ryswick et à la paix d'Utrecht, le second aux malheureux traités de Vienne. Aujourd'hui, ce sont certains états du nord qui menacent de devenir prépondérants. N'est-ce pas le moment de faire du principe de l'équilibre européen autre chose qu'une fiction, en abandonnant la politique d'ancien régime, laquelle consistait précisément dans ces guerres diplomatiques, décidées par la volonté toute-puissante des despotes et destinées à leur assurer la suprématie en Europe?

Si, depuis le traité de Westphalie, l'équilibre européen a éte rompu par la France, c'est que les autres puissances de l'Europe étaient impuissantes à contenir son ambition ; et si la France a enfin plié devant ces puissances coalisées, c'est qu'à son tour, elle n'avait pas la force de tenir l'Europe sous son joug.

On le voit donc, c'est parce qu'aucune puissance de l'Europe n'était assez forte pour s'assurer la domination sur les autres, et que l'état de guerre semblait ainsi devoir se perpétuer indéfiniment sans profit pour aucune, que l'idée d'un équilibre entre toutes est apparue comme devant imposer une barrière à l'ambition de chacune.

Maintenant ces guerres à la fois si glorieuses et si misérables, ces traités si durs et si impuissants, ces violations incessantes du droit et du respect que les nations doivent aux conventions qu'elles passent entre elles, tout cela prouve-t-il quelque chose contre le principe de l'équilibre européen?

Cela prouve simplement que l'état des puissances, entre lesquelles l'équilibre avait été essayé, s'opposait à ce que cet équilibre pût se maintenir. Les unes plus jeunes se sentaient emportées à la conquête, les autres plus anciennes se sentaient impuissantes à résister. Chacune, n'ayant en vue que son intérêt privé, rêvait, pour elle-même, des avantages que son alliance avec telle puissance ambitieuse était en mesure de lui assurer au mépris des traités.

En effet, l'intérêt des monarchies, c'est la gloire pour ne pas dire la grandeur du monarque :

La grandeur du monarque est dans la conquête.

La conquête est dans la guerre.

Avec la guerre, rupture constante de l'équilibre européen.

On peut soutenir qu'avec des états monarchiques en Europe, l'équilibre européen est une chimère; chaque état, par essence, tendant à le rompre.

C'est donc seulement entre états gouvernés suivant un principe conforme à celui de l'équilibre européen que cet équilibre est possible.

Or ce principe adéquat à l'idée d'équilibre européen, c'est le principe fédératif.

En effet, l'intérêt des fédérations, c'est la paix qui n'est elle-même que le maintien de l'équilibre des puissances en Europe.

Les propositions sur lesquelles nous nous appuyons ici, comme sur des axiomes, ont été démontrées plus haut; nous n'y reviendrons donc point.

Ainsi, dirons-nous simplement : avec un système d'états fédéralisés réunis entre eux dans une confédération européenne unique, le problème de l'équilibre européen serait résolu, fédération voulant dire paix, et paix voulant dire maintien de l'équilibre en Europe.

La politique de l'équilibre européen est, plus que jamais et nécessairement, la politique moderne, puisqu'elle est la politique de fédération et de paix.

D'ailleurs cette politique a toute la vitalité d'un principe conforme à l'intérêt humain.

CHAPITRE IX

QUE LA SOLUTION DU PROBLÈME DE LA PAIX EST DANS LA FORME DU GOUVERNEMENT.

Il résulte des principes antérieurement établis que la forme du gouvernement qui résoud le problème de l'équilibre européen, résoud aussi, et, par conséquence directe, le problème de la paix.

Or, cette forme de gouvernement, nous l'avons reconnu, s'appelle la fédération.

La fédération résoud donc le problème de la paix.

Quant à ce que notre proposition renferme de général à savoir : que la solution du problème de la paix est dans la forme du gouvernement; si vous imaginez une forme de gouvernement dont la liberté soit la première condition et dont la seconde soit la remise au peuple du droit de la guerre, et si cette forme de gouvernement s'appelle la fédération; comme le peuple a son intérêt dans la paix (*voir* chapitre II et note III), il suffira de lui laisser le droit de décider la guerre pour que le problème soit aussitôt résolu.

Or c'est la forme du gouvernement, encore un coup, qui est tout ici; le principe monarchique ne comprend pas la remise du droit de guerre au peuple : au contraire, la fédération l'implique; c'est donc par cette forme de gouvernement que, surtout à ce point de vue, le problème de la paix se trouve résolu.

CHAPITRE X

QUE L'IDÉE D'UNITÉ, LOIN D'ÊTRE OPPOSÉE A L'IDÉE DE FÉDÉRATION, EN EST AU CONTRAIRE INSÉPARABLE. — DES IDÉES D'UNITÉ, DE NATIONALITÉ, DE FÉDÉRATION; ET DU RAPPORT QU'ELLES ONT ENTRE ELLES.

Les clercs, ce qu'excuse seule leur ignorance, voient tous dans l'unité l'idée la plus opposée à la fédération.

Il n'est pas d'erreur plus grave.

C'est abusés par elle que, jusqu'ici, les politiques se sont tenus séparés en deux camps, les unitaires et les fédéralistes; et se regardent encore en ennemis.

Tout au contraire, les uns devraient aider aux autres.

Qu'ils le veuillent ou qu'ils s'en défendent, les unitaires servent quand même la cause fédéraliste; ils font même plus que de la servir, ils lui donnent l'existence.

Qu'est-ce, en effet, que l'unité? — Rien autre chose que l'association de forces ou d'éléments plus ou moins homogènes. Et la fédération? — Rien autre qu'une certaine combinaison de ces forces ou de ces éléments associés.

Comprend-on maintenant qu'il ne peut y avoir de fédération sans unité?

La fédération ne peut pas être sans l'unité, car que diviserait-elle, que combinerait-elle, qu'aurait-elle à faire?

L'unité est la forme élémentaire de l'association des peuples.

Lorsque des peuples de même race rarement, de même langue toujours, de même religion parfois, sont parvenus à se grouper sous un même gouvernement, on dit qu'ils ont formé une unité nationale.

C'est ainsi que les différents peuples que comprenait l'Italie s'étant réunis sous le sceptre d'un prince de la maison de Savoie, on proclama l'unité italienne.

Ainsi entendue, l'unité s'appelle la centralisation et jusqu'ici nous ne l'avons pas considérée non plus différemment.

Avant que les peuplades insoumises de l'ancienne Gaule eussent pris racine sur notre sol et eussent constitué les provinces françaises, l'unité de notre patrie n'existait pas.

Se réunir, s'associer en se plaçant sous une loi commune, sous un chef unique, tel est le mouvement spontané propre aux jeunes peuples. La centralisation, qui est l'unité concentrée et condensée, par opposition à la décentralisation ou fédération qui est, pour ainsi parler, l'unité dilatée et volatilisée, se trouve donc être le premier mode d'organisation adopté par le sens social et politique des peuples en travail de formation.

Pour en donner une idée plus saisissante, la centralisation est à l'autorité ce qu'est la forme à l'idée; c'est l'organisation politique adéquate au principe d'autorité; c'est la canalisation de ce principe même. La centralisation, en un mot, c'est l'autorité polype : mille bras pour atteindre jusqu'à ce qui semble insaisissable, avec une seule tête pour tous ces bras.

Théoriciens du principe d'autorité qui admettez aussi le principe contradictoire de liberté, dites-moi où est la place de ce dernier dans le polype?

Oui, jusqu'ici les clercs, que nous prenons à partie, n'ont pas entendu par le mot d'unité autre chose que la centralisation.

Nos récriminations seraient vaines si les clercs se bornaient à voir dans l'unité le fait primitif de l'association de mêmes nationalités jusqu'alors dispersées. Mais du moment que l'on oppose à l'idée d'une unité monarchique italienne ou allemande, par exemple, l'idée de fédération, nous sommes fondés à supposer que l'on n'établit point de distinction entre l'unité et la centralisation, qu'en disant l'une on veut dire l'autre, et alors nous ne pouvons mieux faire, pour montrer notre esprit de conciliation, que de demander si c'est de bonne foi et volontairement qu'on confond ainsi l'idée d'unité avec l'idée de centralisation.

Force nous a été de suivre les politiques dans leur erreur, et même de tirer nos conséquences comme si nous la partagions.

Mais le temps n'est-il pas venu de définir enfin les mots que l'on emploie, et ne voit-on pas déjà qu'en politique cette précaution a une importance incalculable?

Nous avons constaté que les politiques confondent l'unité et la centralisation dans une même idée.

Cette confusion est-elle justifiée par la raison, par les faits, par la science?

Nullement. — J'en conclus donc qu'il existe quelque chose qui s'appelle l'unité et que cette chose se distingue d'une autre qui n'est point du tout de même nature et que nous appelons la centralisation.

D'où provient l'erreur qui les faisait confondre? De ce que l'unité a été considérée jusqu'ici, par les plus savants mêmes, comme forme de gouvernement, comme voulant dire monarchie ou centralisation administrative.

Ainsi, en Italie, où tous les sujets, soit du duc de Toscane, soit du roi de Naples, parlaient, bien que différemment, la même langue et pratiquaient la même religion, on a appelé unité le simple passage de ces sujets et leur réunion sous un même sceptre. A la vérité, je comprends que le procédé ait pu faire illusion. Mais je n'y vois point une excuse pour les clercs.

Non. Unité, monarchie, centralisation; ce n'est pas tout un.

L'unité, pour emprunter le langage de la science, est la combinaison, en proportions définies, des éléments destinés à composer un corps qui s'appelle la nationalité.

L unité est dans la nationalité.

La nationalité est, 1° dans l'uniformité de langue, 2° dans l'uniformité de religion.

Que l'on se garde de me dire : la nationalité est d'abord dans la race : car, si la race est dans la langue, il suffit que la nationalité soit elle-même dans la langue.

L'unité est donc le composé de ces deux éléments : uniformité de langue et encore de religion.

Je ne crois pas, que d'ici un bien long temps, la nationalité soit appelée à s'effacer puis à disparaître absolument; disparût-elle, en effet, nous en conserverions au moins le souvenir dans l'histoire et peut-être en garderions-nous l'empreinte ineffaçable dans les grandes lignes de la physionomie humaine. Mais on doit remarquer que les éléments qui composent la nationalité s'effacent de plus en plus comme s'ils devaient peut-être faire un jour de la nationalité un être insaisissable. Cet effacement suit une marche croissante, en commençant par ce qui importe le moins :

1° Les mœurs d'abord, dont je n'ai point parlé, précisément parce qu'elles n'offrent plus matière à la nationalité; en tendant à s'uniformiser elles ne sauraient plus servir de distinction entre les peuples. (Rien d'alarmant à cette tendance; les peuples se préparent sans doute à la paix par l'observance d'un code commun de politesse et de bons procédés.)

2e La religion ou les religions. Les religions en se multipliant indéfiniment fractionnent un élément très considérable des nationalités : ce qui pourrait devenir le signal d'un commencement de dissolution.

3° La langue. Cet élément-là résiste davantage, car il forme à lui seul le génie propre de chaque nationalité, et avec lui, je ne crains pas de le dire, disparaîtrait la nationalité elle-même.

Ou la nationalité n'est rien, ou elle est tout entière dans la langue; car déjà elle déserte la religion.

Chaque peuple est un composé de plusieurs races.

Une nationalité est formée d'un ou de plusieurs peuples.

Une nationalité contient donc une ou plusieurs races à la fois.

Il est des peuples qui présentent une nationalité pour ainsi dire toute préparée. Par exemple, pour ne citer qu'eux, le peuple italien et le peuple allemand ; le peuple hongrois et le peuple polonais.

En Italie on parle la même langue du nord au sud de la péninsule et presque tous les Italiens sont catholiques.

En Allemagne, s'il y a plusieurs religions, il n'y a qu'une seule langue.

Je voudrais bien savoir ce qu'il faut entendre par nationalité si la nationalité n'est pas dans l'uniformité de langue (je n'ajoute pas, je le répète, dans l'uniformité de religion ; car celle-ci en s'effaçant chaque jour davantage, ne peut plus servir d'élément constitutif à la nationalité.

Ainsi les Américains des États-Unis, qui parlent tous la même langue, forment une nationalité très pure; nulle part cependant vous ne trouverez plus de sectes religieuses.

Il est si vrai que la langue décide tout dans cette question, que si l'on pouvait imaginer, dans le temps, un moment où tous les peuples parleraient la même langue et seraient confondus religieusement dans la formation indéfinie d'un nombre illimité de sectes nouvelles (ce que je crois être la tendance réelle), la nationalité n'existerait plus dans un tel État; ce mot n'aurait plus de sens.

On compte plusieurs grandes races humaines, lesquelles se divisent en un nombre considérable de sous-races ou races secondaires. Est-ce qu'il est facile, même au moyen des ressources de la science moderne, de distinguer les races qui composent tel ou tel peuple?

On est parvenu, sans doute, et c'est déjà un admirable résultat, à déterminer à quelles grandes races se rattachaient les peuples de l'ancien et du nouveau monde. Ce n'est que récemment que les savants, préoccupés de cette matière, sont parvenus à ce premier degré de certitude : mais ils ne s'accordent pas encore lorsqu'il s'agit de savoir si les Espagnols, par exemple, sont mêlés, dans une plus ou moins grande proportion, de Finnois, de Celtes et de Germains.

On retrouve chez tous les peuples la trace des grandes races : ce fait seul prouve jusqu'à quel point ils se sont mêlés, et, quand on songe que les peuples qui présentent la plus parfaite unité peuvent comprendre jusqu'à plus de vingt-cinq races et sous-races, on renonce vite à asseoir la nationalité sur la race.

Voyez d'ailleurs l'aspect du monde.

La distinction de races, si elle subsiste pour l'historien et le philosophe, n'est plus, depuis l'expédition de la Chine, un obstacle au commerce des hommes. La distinction de religion s'efface et tend à disparaître.

La distinction de langue seule semble vouloir s'éterniser pour faire succéder au temps des races, le temps des nationalités, au temps des grands empires et des monarchies despotiques, le temps des fédérations; au temps de l'esclavage et de la guerre, le temps de la liberté et de la paix.

Veut-on un exemple du mélange des races à travers les formations différentes et les évolutions historiques des peuples de l'Europe, prenons l'Italie :

Les Italiens sont composés de Mongols (Fannes) et de Caucasiens. Ces Caucasiens comprennent des Arians et des Sémites. Un premier groupe d'Arians, composé de Slaves et de Celtes, forme avec les Mongols (Fannes) des Pélasges. Un second groupe d'Arians, toujours compris dans la grande race caucasienne, renferme à son tour des Celtes et des Germains ; les Celtes, des Ombriens et des Osques, lesquels Osques comprennent des Sabins et des Latins ; les Germains, des Goths et des Lombards ; enfin, les Sémites, à leur tour, comprennent des Pélasges sémitisés et des Étrusques. Tel est l'amalgame italien.

Chez les Français, vous retrouverez beaucoup de ces races, mêlées cependant dans des proportions différentes ; ferez-vous de cette parenté de races, entre Italiens et Français, le point de départ ou même la base d'une nationalité commune?

J'ai choisi exprès cet exemple et fait à dessein ces rapprochements, afin de montrer que dans la parenté de races, voire même dans la communauté de races, il n'y a pas l'élément de la nationalité.

Les Allemands aussi se rattachent aux Mongols et aux Caucasiens; comme nous et comme les Italiens, ils comprennent des Celtes, des Slaves et des Germains, comme nous-mêmes; des Belges aussi, des Arians Francs : existe-t-il pour cela communauté de nationalité entre nous tous?

Mais les noms mêmes des peuples, dont nous parlons, sont un signe précieux. Le nom d'Italiens répond à une nationalité, le nom de Français répond à une nationalité, le nom d'Allemands répond encore à une autre nationalité, et non à une race.

Ce qui constitue les différences entre peuples ce n'est pas seulement le nombre des éléments ou races qui entrent dans leur composition, c'est la proportion de chacun d'eux.

Le Français est mêlé d'une proportion plus forte de Celtes et de Germains que l'Italien, par exemple; aussi a-t-il l'esprit plus décidé, plus logique (caractère celtique), et de plus, l'esprit philosophique (caractère germain). Cet esprit est remplacé chez l'Italien, plus sémitisé, par une plus grande faculté artistique.

C'est ainsi que dans la science de la chimie, tels corps simples mêlés les uns aux autres dans des proportions différentes, donnent des composés qui se distinguent par autant de propriétés particulières et spéciales à chacun d'eux.

Ainsi la nationalité succède à la race devenue indifférente au génie pratique des nations modernes.

L'unité s'aperçoit et se trouve dans la nationalité. La nationalité se retranche et se fortifie dans la langue.

La langue est le génie même des peuples et devient l'unique caractère distinctif de chacun d'eux.

La tendance actuelle semble être une plus grande confusion des races, les peuples se mêlant de jour en jour davantage les uns aux autres.

Faut-il s'affliger de cette tendance?

Je suis loin de le prétendre. J'admets, au contraire, que ce mouvement est celui même du progrès.

Pour ce qui est de la religion; je ne crois pas plus à une religion universelle qu'à une langue universelle.

Poser, pour la religion, la question dans ces termes, ce serait ouvrir la lice à tous les systèmes philosophiques, sur le signal du spiritualisme prétendant éternellement au gouvernement de l'esprit humain.

Je crois bien plutôt à la création d'un nombre indéterminé de sectes dans lesquelles les grandes religions se trouveraient absorbées et perdues ; soit la liberté absolue en matière de foi.

Quant aux langues, elles vivront immortelles comme le génie des peuples, elles en marqueront inexorablement le progrès ou la décadence ; elles continueront indéfiniment à éclairer le philosophe et le savant, se modifiant suivant les progrès et les découvertes de la science aussi bien que suivant le commerce des peuples entre eux.

La langue restera fidèle à la nationalité, représentant moderne de la race.

La langue pour les peuples doit demeurer la patrie des esprits.

L'uniformité de langue et de religion : ce serait la domination universelle au temporel et au spirituel.

Mais insistons un peu sur les idées d'unité, de nationalité et de fédération.

L'unité n'est pas autre chose, politiquement, que la réalisation de la nationalité.

La nationalité est une abstraction, l'unité est un fait.

L'unité est un ensemble d'éléments semblables ou homogènes.

Or, asseoir et coordonner ces éléments, suivant une certaine méthode, est le rôle de la politique ; on peut faire avec une unité, une monarchie ; je dis moi que le plus grand et le meilleur corps politique qu'on doive tirer de l'unité est la fédération.

Que demain la Belgique, l'Allemagne, l'Italie, la France soient réunies sous le même sceptre, on pourra avoir formé une grande monarchie, on n'aura point constitué une unité.

C'est pourquoi l'unité n'étant pas, au fond, autre chose que la nationalité, la politique dite des nationalités ne doit pas être du tout la politique des grandes agglomérations d'hommes ; elle doit être, au contraire et par excellence, la politique de la décentralisation et de la fédération.

Qu'il me soit permis, sans être accusé de tomber dans une apparente contradiction, de défendre ici un instant cette malheureuse politique des nationalités. Après l'avoir attaquée, j'ai plus que personne le droit de la défendre contre ses partisans mêmes.

La politique des nationalités est la politique de décentralisation, parce qu'elle est la politique d'unité, et que l'unité comprend par essence la fédération.

Toutes les fautes que j'ai relevées comme provenant de la politique des nationalités, sont le résultat de l'inintelligence des principes et des choses.

Ce qu'il fallait entendre par politique des nationalités, c'était la constitution de nationalités, soit de masses unitaires devant servir d'assises à l'édifice fédératif.

Croyez-vous donc que l'empereur Napoléon III, en voulant à la fois l'unité et la confédération en Italie, voulait une contradiction?

Non : il entendait mieux qu'aucun homme politique ce que c'était que l'unité ; le malheur est qu'il ait permis l'abus d'une fausse interprétation en y prêtant lui-même la main.

En Italie, l'empereur avait défini ce mot unité par celui-ci : fédération.

Que j'eusse admiré son génie s'il était resté fidèle à sa propre définition !

Ainsi, autant on reconnaîtrait de nationalités en Europe, autant on établirait d'unités, autant de fédérations seraient rendues possibles.

A-t-on jamais songé en Europe à la fédération pour d'autres peuples que ceux qui représentaient une nationalité ? N'a-t-on pas songé à une fédération italienne, et si, en Allemagne, la confédération n'existe plus, n'y trouve-t-on pas, dans certaines parties, des fédérations ; et partout comme le souffle de l'esprit fédératif qui est son véritable esprit politique ?

C'est pourquoi j'ai débuté en affirmant que l'unité préparait la fédération et que partout où un peuple, se prévalant de sa nationalité, revendiquait l'unité, la fédération allait suivre. Aussi je le rappelle encore, pour moi, l'unité telle qu'elle est entendue, dans le mauvais sens, est une forme transitoire qui appelle nécessairement la fédération comme un progrès.

Cela est vrai surtout et en particulier de l'Italie et de l'Allemagne qui y reviendront peut-être bientôt (1).

Quant à ces grands États, monarchies héréditaires, appuyées sur l'ignorance des peuples et que soutient encore seule la chaîne fragile de leur esclavage, legs du passé, l'avenir en fera justice; et le temps, qui vieillit tout jusqu'au progrès même, les destine à s'écrouler bientôt dans l'abîme des erreurs séculaires, pour faire place à des fédérations jeunes et prospères, monuments éblouissants de la justice et de la raison des nations affranchies!

Ainsi le principe des nationalités admis, les efforts de la politique devaient tendre à rema-

(1) J'ai l'assurance qu'à l'heure même où j'écris cette note, la confédération est le vœu le plus ardent des patriotes italiens.

Ce vœu demeure peut-être encore secret. Mais la confédération apparaît, partout aux bons esprits, comme pouvant seule assurer la constitution définitive de l'Italie, en fournissant la solution immédiate et nécessaire de la question romaine.

nier la carte de l'Europe suivant l'application logique de ce principe ; ce qui veut dire que dans chaque nationalité, déterminée au moyen de la langue, on aurait dû trouver l'unité, et dans chaque unité, la base de l'établissement de la fédération.

Pour ne laisser aucune prise aux contradicteurs que nous pourrions provoquer, nous ajouterons que nous ne prétendons nullement affirmer que l'unité, ainsi entendue, implique historiquement ou dans le fait la fédération.

Nous disons qu'elle l'implique logiquement ou politiquement : ce qui fait que tandis que la fédération est le mode de gouvernement propre à l'unité et que les nouvelles unités qui se forment sont appelées à se fédéraliser ; pour les unités monarchiques déjà séculaires la fédération est commandée comme un progrès nécessaire.

CHAPITRE XI

QUE LE PRINCIPE DES NATIONALITÉS NE PEUT PAS ÊTRE DANS LE CONSENTEMENT DES POPULATIONS.

Pour la nationalité telle que nous l'avons définie, l'expression de consentement des populations est tout à fait vide de sens : car ce consentement des populations ne saurait faire que le peuple qui vit au delà du Rhin et qui parle la langue allemande devînt demain français ou italien. Quand bien même les Allemands du Rhin voudraient devenir français ; ils feraient certainement partie de l'empire français, mais nullement de la nationalité française (1).

(1) « Les généraux romains, dit Proudhon, dans un livre

Nous avons dit que la nationalité comprenait la race et que, dans presque tous les cas, une même nationalité comprenait plusieurs races.

Ainsi la nationalité française qui comprend d'abord les deux grandes races mongole et caucasienne et dans la race caucasienne, les races ariane et sémitique, comprend aussi les sous-races des Eusques ou Basques, des Finnois ou Fenians, des Celtes, des Germains, des Romains ou Celtes sémitisés, des Arabes même, etc...

Il s'ensuit que les peuples situés au delà du Rhin qui sont de race germanique mêlée de celte et de slave, demeureraient de race germanique et de nationalité allemande, si même, de leur consentement, ils passaient sous la domination française.

intitulé *France et Rhin*, qui paraît au moment où nous terminons ce travail; les généraux romains savaient du reste à merveille que pour conserver un territoire étranger il ne suffit pas d'y mettre garnison, il faut en changer les habitants : mais le moyen? Est-ce que le Rhin a pu jamais apprendre à parler latin ou celte? »

J'ai dit : race germanique et nationalité allemande. Ne voit-on pas dans cette opposition de nom la différence qu'il faut établir entre la race et la nationalité, et que ce qui meurt c'est la race; que ce qui naît et demande à vivre, c'est la nationalité?

Même remarque à l'égard de la Gaule et de la France, de la Grande Bretagne et de l'Angleterre, de l'empire romain ou latin et de l'Italie, etc...

Comparez les anciens noms géographiques aux nouveaux, vous verrez que ceux-là sont des noms empruntés à la race, ceux-ci des noms empruntés à la nationalité.

Comment la nationalité s'est-elle donc formée? Du mélange des races qui ont adopté une même langue; et qui dit une même langue dit à la fois un même gouvernement, les mêmes lois, la même solidarité historique.

La nationalité française s'est formée d'un mélange de Basques, de Finnois, de Celtes (Gaulois, Cimbres, Bretons, Belges), de Germains :

(Francs, Burgondes, Wisigoths), de Romains ou Celtes sémitisés, enfin d'Arabes.

C'est en parlant une langue commune que ces races sont parvenues à former ensemble une même nationalité.

L'unité sort de l'idiome; puis de la langue. L'unité française est tout entière dans l'admirable langue de Rabelais, de Bossuet et de Voltaire. C'est peut-être le plus beau triomphe des langues, d'avoir si essentiellement concouru à la formation des grandes unités politiques.

Les peuples allemands du Rhin, par exemple, ne pourraient donc devenir français que lorsqu'ils seraient demeurés mêlés à nous assez longtemps pour s'animer, par notre langue, de notre génie national.

Telle l'Alsace est devenue française après un siècle de mélange.

Le principe des nationalités, renfermé dans le consentement des populations, ne serait ainsi que le principe de l'annexion dans un sens libéral, conforme au droit des peuples; je le concède, mais rien de plus.

Il est merveilleux que l'empire qui a mis ce principe en avant n'en ait donné aucune définition démonstrative. Jusqu'ici d'ailleurs, on n'y a pas vu autre chose que le consentement des populations exprimé par le suffrage universel, (mot après lequel tout semble dit); soit un principe purement et essentiellement d'annexion.

De cette aberration de vue politique sont précisément nées, j'y reviens, les fautes graves que nous avons reconnues.

On sait maintenant comment le principe des nationalités doit être compris.

Faisons cependant encore un pas de plus.

CHAPITRE XII

LA NATIONALITÉ FRONTIÈRE NATURELLE.

Je prie que l'on remarque que jusqu'ici je n'ai si fort critiqué le principe des nationalités qu'à raison de la manière dont il avait été compris, et, que pour ce faire, j'ai dû moi-même, jusqu'à ce moment, paraître partager l'erreur sur laquelle j'essaie de ramener la lumière du raisonnement.

Au point que nous avons atteint, le principe des nationalités apparaît tout autre; au lieu d'un principe de guerre et de conquête, un principe de paix; au lieu du principe des grandes agglomérations d'hommes, le principe des unités nationales et des fédérations, au lieu du principe des annexions, le principe de l'équilibre européen.

Il résulte de tout ce qui précède que le principe des nationalités peut également être substitué, dans certains cas, au principe des frontières naturelles.

La nationalité est à un peuple, politiquement, ce que lui sont physiquement les mers et les montagnes.

La nationalité est la frontière politique naturelle des peuples.

Nous avons exprimé quelque part le vœu de voir un jour les peuples renfermés dans leurs frontières naturelles, et nous avons été jusqu'à voir dans cette situation à venir le gage le plus certain de la paix. Ce vœu pourrait paraître contradictoire sans l'explication que voici :

Remarquons d'abord que c'est déjà quelque chose de reconnaître que la nationalité peut servir de frontière naturelle à un peuple. Mais nous avons parlé de géographie physique, soyons donc plus absolus.

Il existe pour nous deux politiques, la politique d'État, la politique monarchique qui s'inspire de la tradition et de l'histoire et qui poursuit le rêve de la domination universelle; et, la politique des peuples, associations ou fédérations, qui veut la paix et recherche les conditions du bonheur des hommes. La première doit nécessairement poursuivre la réalisation du principe dit des frontières naturelles, la seconde, appuyée sur la nationalité, doit poursuivre la solution du problème de la paix à l'aide de son principe de liberté.

Pour la première il existe une géographie physique, pour la seconde il n'existe qu'une géographie politique. La géographie physique a pour frontières les mers et les montagnes, la géographie politique a pour frontières les nationalités!

Si nous avons formulé l'espoir de voir réalisée l'équation entre la géographie physique et la géographie politique comme moyen d'éternisation de la paix, c'est que nous avons reconnu dans le désaccord qui existe entre ces deux états géographiques une cause constante de guerre entre les peuples.

C'est aussi qu'à considérer les principes que mettent aujourd'hui en avant les gouvernements, les peuples nous ont semblé être plutôt conduits à l'ère de paix à laquelle ils aspirent, par la guerre et par la conquête, que par la forme du gouvernement et la liberté.

Car, dans ma pensée, cette ère de paix se lèvera un jour; et s'il n'est pas douteux que le peuple qui la verra briller le premier sera le peuple le plus libre, on ne peut non plus cependant imaginer que celui qui sera demeuré esclave et conquérant ne verra pas aussi, bien que tard, luire à ses yeux, cette ère bienheureuse.

Pour nous qui, après avoir critiqué le principe des nationalités mal entendu, n'hésitons pas à voir dans la nationalité bien définie et dans la fédération, forme de gouvernement que nous avons adoptée, le gage le plus certain de la paix, nous ne craignons pas de le dire : les gouvernements dont les États n'ont point de frontières naturelles, doivent abandonner la politique des frontières naturelles et ne plus voir d'autres limites à leurs États que la nationalité.

Là où l'on ne parle plus français finit la nationalité française. Là aussi doit finir la France.

CHAPITRE XIII

DE L'INGÉRANCE ÉTRANGÈRE ; ET EN PARTICULIER DE L'INGÉRANCE FRANÇAISE DANS LES AFFAIRES DE L'ALLEMAGNE. — DU PRINCIPE DES FRONTIÈRES NATURELLES ; ET EN PARTICULIER DE LA FRONTIÈRE DU RHIN.

Cette question se rattache aux questions de droit international que nous avons traitées plus haut ; nous ferons l'application de sa solution au sujet qui nous occupe.

Il me semble que chaque fois qu'un peuple se mêle d'intérêts purement étrangers, il doit avoir en vue quelque profit pour lui-même. Un peuple ne prête le secours de ses armées à ses voisins, ni ne leur donne ses conseils pour rien. Ce ne peut être pour rien non plus qu'il s'oppose à leur ambition.

Ainsi ce qu'il faut voir dans l'ingérance étrangère, c'est l'esprit de domination.

Si la solution que nous avons déjà donnée aux questions développées antérieurement est conforme au droit des nations, l'ingérance d'un peuple étranger dans les affaires particulières d'un peuple voisin est une violation, au premier chef, du droit de ce dernier. Elle en est surtout une violation révoltante, lorsqu'il s'agit du premier droit et du plus sacré de tous : le droit de vivre librement.

Un peuple jusqu'alors divisé veut vivre uni ; quelle puissance oserait s'y opposer?

Le sentiment national qui entraîne aujourd'hui tous les pays allemands à s'unifier et à confondre leurs jalousies locales et leurs griefs particuliers dans un même oubli et dans une même espérance, est un sentiment vrai et invincible. Ce jet violent est peut-être le plus pur qu'ait laissé échapper le cœur enflammé des peuples ;

c'est un torrent qui roule le passé dans ses eaux : malheur à qui tenterait de détourner ou d'arrêter son cours!

L'Allemagne veut une patrie. Elle sent que le sentiment de la famille qui est peut-être plus fort chez elle que chez aucun autre peuple et qui est la véritable source du sentiment plus général de patrie, ne lui suffit plus; le sentiment de la patrie commence à l'agiter et son imagination brillante et riche en est comme affolée.

J'ai dit que, dans ma pensée, l'Allemagne était destinée à absorber la Prusse sous la forme d'une confédération nouvelle plus puissante, j'ai donc d'autant plus de foi dans le sentiment national allemand.

Mais, quoi qu'il en soit de cette opinion, il faut, pour le moment, reconnaître quel est l'esprit public en Allemagne.

Or, il est indiscutable que les États du Sud tendent vers les États du Nord.

Il serait absolument oiseux de reproduire toutes les dépêches, tous les discours, tous les documents diplomatiques qui l'attestent; car, chacun les connaît ou peut en prendre connaissance; et mon rôle n'est pas celui de l'historien.

Mais qu'on se rappelle seulement un document curieux qui est le projet d'adresse de la deuxième chambre badoise, rédigé par le député Lamey, ancien ministre de Bade. Ce qui ressort d'un tel souvenir, c'est la tendance du Sud vers le Nord, c'est le désir de l'unification allemande sous la suprématie de la Prusse, toutefois avec l'autonomie des petits États, (contradiction remarquable qui, à mes yeux, contient en germe la confédération nouvelle), c'est encore le vœu de voir adopté par le Sud l'armement prussien, c'est l'ambition d'un parlement allemand (qu'on y songe bien!), c'est enfin la la satisfaction qu'éprouvent les États du Sud en se voyant déjà unis militairement au Nord pour la défense de la patrie commune, comme si cette patrie était déjà une réalité!

En second lieu, il est également indiscutable que l'Allemagne veut ne se devoir qu'à elle-même, et que ce qui froisse le plus sa susceptibilité de nation, c'est la prétentieuse ingérance de peuples voisins.

Nous n'en donnerons qu'une seule preuve entre mille.

« ... D'après ces informations, dit M. de
« Bismarck, qui représente ici la pensée même
« de l'Allemagne passée de la puissance à l'acte,
« les affaires intérieures de l'Allemagne n'ont
« pas, comme l'ont fait supposer les premières
« nouvelles, formé l'objet des entretiens de Salz-
« bourg. Cela est d'autant plus heureux que l'ac-
« cueil fait à ces nouvelles et à ces suppositions
« partout en Allemagne a prouvé de nouveau
« combien le sentiment national allemand s'op-
« pose à l'idée de placer le développement des
« affaires de la nation allemande sous la tutelle
« d'une ingérance étrangère ou de le voir diri-
« ger par d'autres considérations que celles qui
« sont commandées par les intérêts nationaux
« de l'Allemagne.

« Nous avons pris pour tâche, dès le commen-

« cement, de diriger le courant national de « l'Allemagne, de telle manière qu'il n'agît point « d'une manière destructive, mais d'une ma- « nière productive.

« Nous nous sommes abstenus de tout ce qui « pourrait précipiter le mouvement national; « nous avons cherché à calmer et non à agiter. « Nous pouvons donc espérer que ces efforts « réussiront si les puissances étrangères évi- « tent, de leur côté, avec une égale sollicitude, « tout ce qui pourrait provoquer des inquié- « tudes de la part du peuple allemand. Tout « projet d'ingérance étrangère provoquerait une « juste excitation du sentiment de la dignité et « de l'indépendance nationale.

« C'est donc avec une vive satisfaction que « nous accueillons le désaveu formel de toute « pensée d'immixtion dans les affaires inté- « rieures de l'Allemagne, etc. (1). »

(1) Circulaire aux agents diplomatiques de la Prusse à l'étranger, du 27 septembre 1867.

On ne peut contester à cette politique ni la franchise, ni la fermeté, ni la logique.

Le gouvernement français peut-il faire connaître une ligne politique aussi sûre? Aura-t-il la sagesse de persister dans la neutralité qu'il observe?

M. de Beust affirme que l'Autriche et la France, dont l'entente est à cette heure hors de doute dans les questions qui touchent à l'Allemagne, sont d'accord pour s'abstenir de toute immixtion dans l'organisation intérieure de ce pays et « d'éviter avec soin, autant que possible, « tout ce qui pourrait soulever une juste suscep« tibilité? » Néanmoins, ajoute-t-il, « cette atti« tude réservée se fonde sur l'attente qu'on saura « l'apprécier et l'appuyer à Berlin aussi bien « que dans les états du sud (1). »

Cette voix grave de la sagesse dominera-t-elle toujours en France? continuera-t-elle à faire

(1) Circulaire du 1er novembre 1867 aux agents diplomatiques.

taire la voix passionnée de cet esprit d'ingérance qui est l'esprit de domination propre à notre patrie?

La tendance de la France à s'immiscer dans les affaires de l'Europe se retrouve partout dans l'histoire.

N'a-t-elle pas attiré sur elle assez de malheurs? Malgré de si cruelles expériences son influence aujourd'hui s'essaie cependant encore en Orient, à Rome, à Florence, à Vienne et peut-être aussi, en dépit des apparences, à Berlin même.

Il faut en finir avec l'esprit de domination.

Quelques doctrinaires aveugles, gens de dispute et de sabre, voudraient accréditer cette idée, qu'il est de la dignité de notre pays de revendiquer les frontières du Rhin.

A ceux-là pas de réponse.

Les historiens et les politiques convaincus, qui affirment la nécessité pour la France de frontières dites naturelles et qui voient dans le Rhin la frontière naturelle de la France à l'est, méritent seuls quelques lignes de réfutation.

Nous profiterons pour leur répondre, suivant les principes que nous avons établis nous-mêmes, de l'apparition tardive d'un livre que aurions voulu consulter avant d'entreprendre ce travail et que nous avons eu à peine le temps de parcourir au moment où nous y mettons la dernière main; je veux parler de l'œuvre posthume de Proudhon intitulée *France et Rhin*. Qu'il nous soit permis, cependant, de considérer l'accord fortuit de beaucoup de nos opinions avec celles de Proudhon comme très flatteur pour nous.

« Les nations, dit ce savant dialecticien et cet « intrépide philosophe, apparaissent en premier « lieu sur les hauteurs dont elles occupent les « deux versants, d'où elles se répandent ensuite « dans les vallées, en suivant, sur les deux rives, « le cours des rivières. Toutes les traditions le « racontent, la géologie et l'ethnographie y joi- « gnent leur témoignage. C'est ainsi que le Liban « est syrien, l'Alpe celtique (Gallia cisalpina et

« Gallia transalpina), le Jura séquanais, etc...,
« sur leurs pentes orientales et occidentales.
« L'Apennin, bien plus que la Méditerranée et
« l'Adriatique, a fait l'homogénéité des peuples
« italiques. Par la même raison le Nil est égyp-
« tien, je veux dire que la race de Misraïm est
« indigène du Nil, rive gauche et rive droite;
« l'Euphrate est chaldéen, le Jourdain hébreux,
« le Rhin allemand, la Vistule slave. Il n'y a
« pas jusqu'à la Manche qui ne soit bretonne
« sur ses deux côtes, l'Adriatique italienne, le
« Cattegat et le Sund scandinaves, comme au-
« trefois la mer Ionienne et la mer Égée étaient
« grecques. » « Chose à laquelle on était loin
« de s'attendre, lorsque après la dissémination
« des peuples, les états ont commencé à se for-
« mer, les nationalités se sont trouvées partout
« coupées en deux, dans le sens de leur longueur
« territoriale, par ce qui devait précisément les
« grouper, les frontières naturelles. Devant ce
« fait universel, fatal, que devient le prétendu
« principe? Pour assurer l'état, la nationalité

« sera-t-elle sacrifiée? ce serait subordonner « l'homme à la matière, la société à des acci- « dents de terrains, la liberté au fatalisme. »

Telle est la véritable et sérieuse question. Proudhon se montre ennemi déclaré du principe des frontières naturelles. Il a absolument raison pour ce qui est de la frontière du Rhin; mais possède-t-il la vérité lorsqu'il affirme que les frontières naturelles destinées à grouper les nationalités, les divisent au contraire? Ce fait, qui peut être fatal, n'est pas universel, et je crains bien que Proudhon n'ait pensé aux races en parlant des nationalités. Car, malgré mon admiration pour son génie, je ne puis pas laisser dire que, pour ce qui est de la France, la nationalité française a été entamée par les frontières naturelles.

Au contraire, du côté de la Belgique, par exemple, où elle trouverait sa frontière naturelle, la nationalité française serait affermie et pour ainsi dire accomplie, et Proudhon qui nie la frontière du Rhin, ne saurait nous démentir sur ce point, s'il est vrai, comme nous l'avons démontré, que la nationalité soit dans la langue.

D'ailleurs, où n'est-on pas conduit dans la voie de ces raisonnements absolus? Est-ce que ce n'est pas la nationalité allemande qui serait entamée par la frontière du Rhin, si celle-ci revenait à la France; tandis qu'au contraire, la nationalité française se continuerait et prendrait fin du côté de la Belgique?

Ce qui serait vrai d'un côté, serait donc faux de l'autre.

C'est là que la nécessité d'une frontière politique émanée d'un principe certain, que tous les peuples accepteraient et qui serait le point de départ d'une nouvelle politique, se fait plus que jamais sentir. Car, s'il est vrai que les nationalités russes, anglaises, etc., ne seraient nullement entamées par le principe des frontières naturelles, il pourrait arriver fatalement, pour la France et l'Allemagne, par exemple, que la théorie de Proudhon fût vraie.

Aussi, Proudhon demande si la nationalité sera sacrifiée à l'état. Il admet que ce serait « subordonner l'homme à la matière, la société « à des accidents de terrain, la liberté au fatalisme. »

Je crois au triomphe de l'homme, de la société et de la liberté, je crois donc au triomphe de la nationalité, et de la nationalité, frontière politique naturelle.

La voilà cette frontière tant recherchée, ce principe certain, ce criterium destiné à tous les états mal délimités!

L'état ne peut être autre chose que la nationalité organisée, c'est à dire une unité politique, soit la fédération. La politique moderne, en renfermant de plus en plus l'état dans la nationalité, tend à réaliser cette idée, qui est l'idée de paix. Qu'elle soit donc saluée comme fut saluée la réforme, comme fut saluée la révolution!

A la frontière physique naturelle, nous opposons la frontière politique naturelle.

Nous savons que celle-ci est la nationalité.

Mais quelle sera la frontière physique naturelle?

Le principe des frontières naturelles, absurde, tel qu'il est entendu aujourd'hui, n'est dépourvu cependant ni de raison, ni d'utilité.

Proudhon lui-même le reconnaît : « L'idée, « dit-il, d'une frontière donnée par la nature, a le « mérite, assurément très considérable, de faire « sortir la politique internationale de l'arbitraire « où elle aime à se tenir et de lui inspirer une « loi supérieure, empruntée, on le suppose du « moins, à la raison même des choses. »

Nous n'avons pas voulu dire autre chose, lorsque nous avons formé le vœu de voir tous les états renfermés et contenus dans leurs frontières physiques naturelles, considérant cette situation générale comme l'état de paix par excellence; lorsque nous avons osé ajouter que la nationalité frontière politique naturelle formait le pied sur lequel on devait remanier la carte de l'Europe pour arriver à l'établissement de l'équilibre européen, c'est à dire de la paix, par la formation d'une confédération de nationalités; lorsque nous avons même affirmé que, si, abandonnant cette voie de raison et de justice, l'esprit égaré des peuples et des gouvernements, courant à main armée s'abîmer dans le gouffre de l'ambition, de la domination universelle, de la suprématie de certains races, perpétuait l'état de guerre; le fruit de ce dévergondage de la raison et de l'affaissement des consciences serait encore, et quand même, après tant de conquêtes, le retour inéluctable à la solution que nous proposons, et peut-être, pour certains états, sinon pour tous, l'extension de leur nationalité jusqu'aux mers et aux montagnes destinées, par la sagesse de Dieu, à devenir leurs frontières physiques naturelles!

J'ai prononcé le nom de montagnes.

Les montagnes sont-elles les seules frontières naturelles? Non, il y a les mers, il y a aussi les fleuves.

Mais pourquoi les fleuves? ici je me range à l'avis de Proudhon. Un fleuve ne peut servir de frontière entre deux peuples : car un même peuple occupe les deux rives d'un même fleuve. Ainsi le Rhin est allemand sur ses deux rives, aussi bien que la Loire est française sur ses deux rives.

Les fleuves sont entre les peuples un sujet constant de dispute et, par conséquent, une occasion de guerre toujours nouvelle.

Les peuples les plus tranquilles sont ceux dont la nationalité bien tranchée se trouve enclavée entre des montagnes ou délimitée par des mers.

Ainsi les grands peuples de l'Asie, renfermés dans leurs vastes enceintes de mers et de montagnes, semblent assurés de la paix.

C'est encore ainsi que la Suisse, découpée par un nombre infini de montagnes, semblait destinée par la nature même à demeurer partagée en plusieurs états indépendants réunis dans une même confédération.

C'est pourquoi, tout en voulant voir les mers et les montagnes considérées comme seules frontières naturelles, ce qui diminuerait les chances de guerre, nous avons plus d'une fois manifesté le désir de voir bientôt les nationalités bien définies, séparées par des mers ou par des montagnes. Nous avons reconnu, pour le présent, que certaines nationalités, telles que la nationalité française par exemple, ne sauraient avoir d'autres frontières naturelles qu'elles-mêmes, puisqu'elles ne pourraient se renfermer dans un cercle exclusivement composé de mers ou de montagnes, tandis qu'au contraire, certaines nationalités ont l'avantage, si c'en est un, d'être à la fois à elles-mêmes leurs propres frontières politiques et physiques :

Ce qui veut dire qu'elles possèdent une délimitation naturelle de mers ou de montagnes.

Nous avons affirmé de plus que, pour les premières aussi bien que pour celles-ci, la nationalité était la frontière naturelle politique, et qu'il fallait y voir également le gage de la paix.

Ainsi nous le répétons, ou la nationalité possède ses limites naturelles : mers et montagnes, ou, si elle ne les possède pas, elle est à elle-même sa propre limite.

La frontière politique naturelle ou la nationalité suffit à l'établissement de l'équilibre européen ou de la paix.

Tel est le nouveau résumé de nos idées.

Quelle est maintenant l'opinion de Proudhon? Il se pose cette question, en terminant : « Quelle « sera donc, me demanderez-vous, la limite des « états? Ma réponse est simple. Cette limite ré- « sultera du groupement spontané des popula- « tions indépendamment de toute configuration « géographique et même de toute nationalité. « (Il va plus loin que nous). En deux mots, les « limites des états sont une création de la poli- « tique, non une prévision de la nature; elles « sont par conséquent ce qu'elles peuvent, ici, « la Manche, là le Rhin ou les Pyrénées; hier « le Tessin, aujourd'hui le Mincio, ailleurs rien. « La ligne de démarcation d'un état est partout « ou nulle part.

« Dans tous les cas, je répète que la délimita-

« tion entre deux états implique de part et d'autre
« le consentement des populations limitrophes,
« à moins qu'un intérêt supérieur à celui des
« deux états eux-mêmes, n'en décide autre-
« ment.

« Or il est telle limite à laquelle ni la politique
« internationale, ni le vœu des populations ne
« permet jamais à un état d'atteindre. Relative-
« ment à la France, le Rhin est dans ce cas. Le
« Rhin a, de tout temps, servi de limites, mais
« entre états germaniques, jamais entre la Ger-
« manie même et la France. J'en ai dit la raison
« manifestée par plus de deux mille ans de com-
« bats : c'est qu'avec une pareille ligne straté-
« gique, la France deviendrait bientôt domi-
« nante en Europe. »

Ce qui ressort donc de tout ceci c'est que la frontière naturelle du Rhin est à la fois une hérésie et une folie. Une hérésie, parce qu'elle violerait le principe des nationalités, qui est avant tout le respect des nationalités, même à notre avis, sans le vœu des populations; une folie, parce que ni les états voisins, ni l'Europe ne souffriraient la reconstitution d'un empire franc voire même latin, et que le Rhin, pour la paix du monde, doit demeurer la fidèle barrière du vieil état germanique contre toute ambition française.

Quant à ce qui est de l'ingérance étrangère, on voit clairement que, dans un système de confédération européenne, elle ne serait plus, pour ainsi dire, que la sollicitude de chaque état pour des intérêts communs : rien autre pour parler net que la voix des nations au congrès ou à la diète.

CHAPITRE XIV

S'IL Y A ANTAGONISME DE RACES ENTRE L'ALLEMAGNE ET LA FRANCE ET S'IL POURRAIT DEVENIR FATAL QU'UNE DE CES DEUX PUISSANCES FUT UN JOUR DOMINANTE EN EUROPE.

Cette question qui, à elle seule, ferait l'objet d'un livre et qui mériterait qu'on tentât, pour la résoudre, de s'abîmer dans l'océan de faits historiques, de questions de races, de problèmes économiques, philosophiques, littéraires, de chiffres de statistique qu'elle contient, je ne veux que la poser afin que tous les esprits qui pensent en France, la méditent.

Elle est grave : j'essaierai seulement de le faire sentir.

Germains et Celtes, nous paraissons être également Arians, ce qui veut dire que notre origine commune est dans la Bactriane. Le divin Râmayana et le Rig-Véda semblent inspirer encore le génie des uns et des autres et nous retrouvons leurs traces dans la philosophie allemande et française.

A la chute et à la dissolution de l'empire latin d'Occident, le Germain apparaît et domine. Un Gratien, un Valentinien... empereurs romains sont des Germains.

L'invasion francque est une invasion germaine.

Clovis, triomphant de Siagrius, c'est le Germain, maître de l'empire.

L'empire de Charlemagne avec Aix-la-Chapelle pour capitale était un empire germanique.

Ce n'est qu'après la division de cet empire que l'élément germain pur s'abstrait de l'élément celtique localisé en Gaule ; et que la France proprement dite peut se constituer : 1° avec les restes de la race germanique au nord; 2° avec la race celtique au centre et dans la partie moyenne ; 3° avec la race latine très mêlée dans le midi.

Les guerres et les évolutions historiques des peuples qui représentaient ces races différentes ont fait que ces peuples sont arrivés par l'uniformité de langage, de législation, de mœurs, etc... à constituer la nationalité et l'unité françaises.

Aujourd'hui les éléments de ces races sont tellement mêlés que leur localisation serait impossible ; mais on peut affirmer que le nord de la France actuelle est plus germanique que latin, le centre plus celtique que germain, le midi plus latin que celte. Quoi qu'il en soit, je rappelle les souvenirs de beaucoup de Français, mes contemporains, à leur origine germanique : (Invasion franque.)

Cette origine fait qu'il peut y avoir rivalité, mais non, je crois, antagonisme entre la race germanique pure ou les Allemands et la race germanique, soit mêlée de Celtes et de Latins, ou les Français : car au fond l'esprit de ces races est le même, progressiste, philosophique, industrieux.

L'Allemand est réformateur, savant, poète, rêveur même, le Français est révolutionnaire, observateur, critique.

La discussion entre les gallicans et les ultramontains, qui commence sous Boniface VIII, émane du pur esprit gaulois. La liberté de l'Église gallicane est le produit de l'esprit d'indépendance des Celtes. Voilà qui distingue précisément l'esprit celtique, lequel peut être pris pour le véritable esprit national français ; il est radical, il ne souffre pas de demi-mesure comme l'esprit des Allemands ou celui des Anglais (Germains-Saxons mêlés de Bretons).

Tandis que l'Allemagne catholique se réforme, et, devenue protestante, se montre intolérante, la France fait la révolution et proclame le culte de la déesse *Raison ;* elle brise les chaînes de tous les peuples esclaves en leur enseignant les *droits de l'homme*, elle fait de la justice l'unique loi des consciences, elle rend le monde moderne possible, si même elle ne le crée point. Avait-elle été trop loin? Pourquoi a-t-elle reculé? En 1789, elle voulait la fédération des provinces : la centralisation a été le produit de la réaction. Est-ce qu'alors la France n'avait pas ses bras ouverts à la confédération germanique, est-ce qu'elle n'appelait pas tous les peuples à se régénérer dans son sein?

S'il est un accord possible entre la France et l'Allemagne il pourrait donc être dans la fédération.

La Prusse, qui représente aujourd'hui jusqu'au génie même de la nation allemande, se montre envahissante, elle a accru le nombre déjà si considérable de ses conquêtes, elle menace le monde par ses produits et la foule des commerçants, des commis et des placiers, courtiers et autres qu'elle a dispersés partout et qui tentent la dénationalisation des industries, par leur assiduité au travail et leurs facultés persévérantes, et plus que les Anglais mêmes, la domination des deux continents par le commerce: Enfin sa population s'accroît dans une proportion alarmante, dont les chiffres de M. Raudot ont donné une juste idée à tous ceux qui se sont intéressés aux questions relatives à l'Allemagne et à la Prusse, lesquelles nous semblent si épuisées que nous ne saurions y revenir.

Il faut donc reconnaître tous ces avantages.

Mais faut-il y voir, en même temps, une menace ou tout au moins un avertissement pour nous? — Peut-être.

Quoi qu'il advienne, je ne puis croire qu'avec la tradition révolutionnaire qui lui reste, avec son esprit philosophique radical, avec ses tendances républicaines fédéralistes, avec sa passion pour l'égalité et la justice, la France soit prête d'abdiquer le rang qu'elle tient encore en Europe.

Sans doute il y a des races originairement supérieures les unes aux autres; mais ne me suis-je pas efforcé de montrer que les considérations de races s'effaçaient?

Pas de race prépondérante; la paix s'y refuse, la liberté et la dignité des peuples y répugnent.

Il peut rester un peuple anglais plus commerçant que nous, il peut se former un peuple allemand plus nombreux et même plus actif que nous, il doit se maintenir haut et fier un peuple français, destiné par les principes immortels de sa grande révolution à répandre la civilisation dans le monde.

CHAPITRE XV

CONCLUSION.

Il semble, qu'en terminant, je devrais parler de l'expédition du Mexique. Mais, d'une part, ne voulant incriminer ni hommes, ni choses, d'autre part, ne trouvant pas, dans les documents publiés jusqu'à ce jour sur l'expédition en question, la matière d'un jugement historique que le temps rendra sûrement moins partial et plus vrai, j'abandonne le fait de l'expédition mexicaine à l'appréciation de l'histoire à qui il appartient, et je me borne à l'observation stricte de mon sujet, c'est à dire à quelques mots sur la conséquence du principe des nationalités dans cette question.

Ces mots seront très courts, et j'ai pensé devoir les renfermer dans le chapitre qui comprend la conclusion de ce livre parce qu'ils m'ont paru, en faisant ressortir une dernière et nouvelle application du principe des nationalités, amener nécessairement cette conclusion.

Nous avons vu que le principe des nationalités, bien que compris différemment, avait été pratiqué de même dans un but exclusivement intéressé par l'Italie comme un principe de constitution d'état et d'unité monarchique, par la France et par la Prusse, à l'exemple de la France, comme un principe d'annexion.

Ainsi tantôt le principe des nationalités a été un principe de constitution d'état, tantôt un principe d'annexion.

Ici son auteur l'a voulu plus fécond.

Il n'a plus servi en effet à la constitution d'un état politique déjà existant au Mexique, ni à l'annexion, il a simplement servi à l'établissement d'une forme de gouvernement qui s'est trouvée être la forme monarchique. Sans changer de nom, malgré cette nouvelle application et cette conséquence extrême, le principe des nationalités a fondé l'empire du Mexique, assumant du même coup la responsabilité de sa chute, puisque cette chute n'a eu lieu qu'à raison de l'impopularité du prétendu établissement monarchique.

Le principe des nationalités a porté à faux : et, l'on voit qu'ici, nous serions en droit de n'y plus voir autre chose que le suffrage universel même, appliqué à la solution de toutes les questions politiques, frontières naturelles, annexions, nationalités, constitution d'états..., établissement, aussi bien que renversement des trônes.

Tandis que le vœu national était représenté par les partisans de la république, on a voulu le voir réellement représenté par les partisans de l'empire.

On sait aujourd'hui suffisamment si ce doit

être dans la restauration de la république mexicaine qu'il faut enfin voir le véritable triomphe du principe des nationalités et du droit des peuples.

En résumé, constitutions d'états monarchiques, consentement des populations en dehors de toute considération de frontières ou de nationalités, annexions violentes, suffrage universel mal appliqué, voilà ce qu'on a compris jusqu'à présent dans le principe des nationalités.

Résultat : guerre et anarchie.

Nous opposons la gamme politique suivante qui comprend notre conclusion :

Nationalité;

Unité;

Fédération;

Paix.

Les peuples de même nationalité sont les peuples de même langue; étant de même langue, ils ont une même science, une même philosophie, une même éthique, une même littérature, un même art, un même génie enfin : où là seulement est leur vie propre.

Toute nationalité constituée renferme une unité politique.

Toute unité politique comprend l'état, avec la nationalité pour frontière.

L'état avec la nationalité pour frontière, est ou devient fédération.

Toute fédération résumant les deux termes : nationalité et unité; exprime la paix.

Nationalité, unité, fédération; telle est donc la formule de la paix.

Voilà pour chaque état en particulier.

J'affirme de nouveau, en terminant, qu'une confédération européenne formée de tels états, aurait pour conséquence la solution de l'équilibre européen, soit l'établissement de la paix pour toute l'Europe.

Reconnaissance et gloire aux peuples ou aux princes qui comprendront cette conclusion !

FIN.

TABLE DES MATIÈRES

www.ingramcontent.com/pod-product-compliance
Ingram Content Group UK Ltd.
Pitfield, Milton Keynes, MK11 3LW, UK
UKHW012205240726
13966UKWH00002B/583